大拓

我們的心都有病

We all need help

蕭蔓琳 編著

學會接受自己不如人，也是一種智慧的人生態度。

人生視野：50

我們的心都有病

編　　著　蕭蔓琳
出 版 者　大拓文化事業有限公司
執行編輯　林美玲
美術編輯　林子淩

總 經 銷　永續圖書有限公司
劃撥帳號　18669219
地　　址　22103 新北市汐止區大同路三段一九四號九樓之一
TEL　（〇二）八六四七—三六六三
FAX　（〇二）八六四七—三六六〇
E-mail　yungjiuh@ms45.hinet.net
網　　址　www.foreverbooks.com.tw

CVS代理　美璟文化有限公司
TEL　（〇二）二七二三—九九六八
FAX　（〇二）二七二三—九六六八

法律顧問　方圓法律事務所　涂成樞律師

出 版 日◇二〇一五年四月

國家圖書館出版品預行編目資料

我們的心都有病 / 蕭蔓琳編著.
-- 初版. -- 新北市 : 大拓文化, 民104.04
面 ;　公分. -- (人生視野 ; 50)
ISBN 978-986-411-004-9(平裝)
1. 修身 2. 生活指導
192.1　　104002797

P 前言 Preface

前言

如今，人情冷漠、健康透支、情感透支、學業無成、事業難成、身心疲憊、工作和生活壓力，造成了整個社會的壓力感——精神疾病和心理失衡。的確，越來越多的人經常感覺到難以抑制的憤怒、極度的失落，終日鬱鬱寡歡，悶悶不樂。

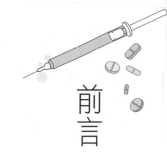

對於生命中那些彷徨的人們來說，他們的心理困擾其實並不全源於外在的壓力。決定生命品質的絕非環境，全在個體本身，只有自己才可以影響自己，只有自己才可以選擇自己的生活品質，也只有自己才能療癒自己。

本書運用心靈對話，用溫暖的敘述向讀者娓娓道來，存在於我們身上卻不曾被發現的一些心靈疾病，帶領我們認識自己，認知那些困擾我們的心靈的負面情緒和思維，指引我們走出煩惱和苦悶的旋渦。

透過閱讀本書，你可以全面認識自己的內心和靈魂，並真正接納自己、珍愛自己、相信自己！啓動心靈能量，一起探索，一起剖析，不斷拔除心中的毒瘤，最終獲得生命豐厚的回饋！

目錄

Contents

Chapter. 01

找出偷竊快樂的心靈病毒

Chapter.

02

攤在陽光下，療癒才會發生

目錄

Contents

Chapter.

03

淡化挫折，調節自身的能量

Chapter.

04

按下自我傷害的暫停鍵

Contents 目錄

Chapter. 05

扭轉生氣的糟糕局面

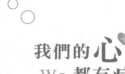

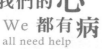

Chapter.

06

告別焦慮的心靈處方

Chapter. 01

找出偷竊快樂的心靈病毒

We
all
need
elp

遺失了真實的自己

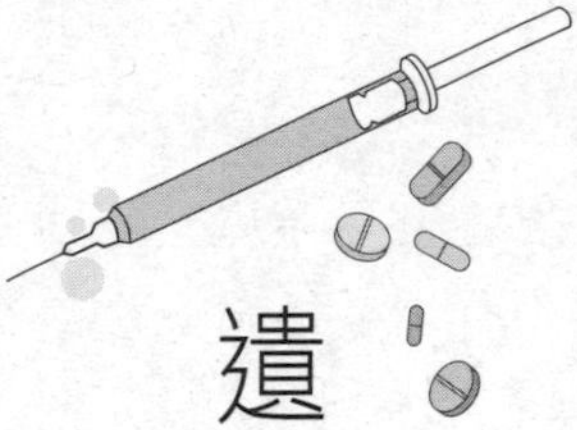

現實生活中，人們總會受著各種的制約。工作中不能隨心所欲，與人相處時也要小心翼翼。也許是因爲太在意別人眼中的自己，而不敢在與人交談中表達自己的觀點，唯恐說錯了話，得罪了身邊的人。於是，我們總是會以他人所能夠接受的形象生活。

當然，遇到決策性的事情，如果沒有主見，往往會慌亂無措，對事情沒有更準確的認識，掌握不了事情的真實情況時，多數人會選擇從眾，隨波逐流，不知道自己真正想要的是什麼，漸漸地失去了自己的本性。

久而久之，才發現這種完全屈從迎合他人的方式並沒有給你帶來多大的益處，反而帶來一些負面的影響。因爲情緒和個性的長時間壓抑，不僅得不到他人的喜歡，還讓自己心神不寧，越來越不開心。

有人說：『遺失了自我，即使得到了全世界，你也不會得到安寧和快活。』的確，一旦把真實的自己弄丟了，就如迷失的羔羊，失去了方向，不僅過得壓抑，感受不到生活的快樂。當然也得不到我們想要的東西。

一位哲學家在離世之前，自知不久於人世。他要求助手為自己找一個優秀的傳承者，此人必須具備相當的智慧，還得有充分的信心、非凡的勇氣……只有這樣，他才能好好地把畢生的思想、智慧傳承下去。

他的助手為了替老師尋找一個合適的繼承人四處奔波，跋山涉水。但是找來的人，一個個都被老師婉言謝絕了。直到有一天，哲學家病入膏肓，傷心地對助手說：『其實你就是那個最合適的人。』

那時助手才發現，他光顧著用老師的標準去選擇合適的人，為了找尋而找尋，卻忘記關照自己，以至於在尋找的過程中迷失了，最後才發現自己就是那個最佳人選。

『遺失』自己的方式有許多種，有的是缺乏自信，有的是沒有揚長避短，有的是貪婪，有的是自私，有的是失信……這些人因爲一味模仿追逐他人的成功路徑或方式，卻忽略了自己的能力，最終無法抵達自己嚮往的彼岸。在尋找自己想要的人生及快樂時，因爲弄丟了真實的自我，而無法實現自己的想法。大多數的人都不是自己生命的主人，而是成了自己思想和情緒的奴隸，所以無法獲得想要的人生！越來越多的人開始感到做真實的自己越來越難，甚至成爲一種奢望。如此一來，生活變得模糊、糾結、鬱悶、疲憊不堪。

『認識自己』是刻在德爾菲的阿波羅神廟上一句箴言，它告訴人們，一定要有自己的認知胸懷。只有這樣，在工作中才能做好一切事情。實現真實的自己，前提是你要認識真實的自己。

Chapter 01

負面思維惹的麻煩

不管男人還是女人都有其敏感的一面。芝麻大的事情能想很多，望得很遠。本來不必要招搖，也不必要犯嘀咕的事，但是到了他（她）那裡，事情不是升級就是誇大了，簡單的問題也變得複雜，讓心情不自覺地低落了。

這樣的事情一而再、再而三地出現，把每一天都想像成世界末日般……這樣，日子還過的下去嗎？

這就是現在流行的詞彙：負面思維。

所謂的負面思維就是考慮問題時總是逆反的，這樣的人，常常把生活中的泛泛之舉想得過於複雜化，最終導致心理失常，讓自己始終處於高度緊張的狀態，憂慮、沮喪、頹廢，等等。

負面思維模式無外乎以下幾種：

深向思維

芝麻大的事情卻把它擴展到深層，本來沒什麼大不了，但是因爲你的疑神疑鬼，使問題突然誇大。比如，突然有一天老闆找你談話，詢問了最近工作上的一些事情和你最近的工作狀態。

你的思維是：老闆爲什麼找我談話呢？是不是我最近的工作表現不好，會不會是要炒我魷魚？怎麼辦，沒了工作我怎麼生活……最後的結局是老闆並沒有開除你，你成了委派外出學習人中的一個。

其實，你完全可以這樣想：老闆也許只是隨便說問一下，想讓我提高的更快一些，以便將來給我安排更重要的工作。問題不就迎刃而解了嗎？

串聯思維

當問題出現的時候，喜歡進行推理，把問題無限的擴大延伸，結果導致心理失衡。比如，有天妳看見丈夫和一個貌美的女人一起吃飯，當下覺得天塌了下來，心想：『他怎麼能這樣對我，怎麼可以背著我跟其他女人在一起。這件事如果讓我的同事或是朋友知道了，人家會怎麼看我？我還要怎麼混啊？』後來憤怒的向丈夫提出質疑時，卻發現事實並非如此，那只是丈夫的一個同事，是因爲討論合作上的一些事情才一起吃飯。

遇到這樣的事情每個人都很敏感，但是要理智，搞清楚事情的來龍去脈才是最重要的。否則自己生了一肚子氣，最後發現是一場鬧劇，多冤枉！

糟糕思維

這也是一種很消極的想法，不管遇到什麼事情，都覺得到了無法挽回的地步，彷彿天馬上就要塌了下來。這種思維方式一旦形成，哪怕是一個很小的打擊也足以使他絕望，令他一敗塗地。

其實很多事情，並沒有我們想像的嚴重到無法補救的程度。除非你硬要把《壞》定義爲《糟透了》，否則，沒有什麼東西可稱得上是《糟透了》。因此，請不要再隨意說『糟透了』之類的消極語言，不要讓這種定義方式影響到自己的生活，否則你將終日抑鬱。

總之，以上種種負面的思維影響不僅影響我們的工作、學習和生活，而且還讓人陷入絕望、悲觀、失敗的痛苦之中。

想要避開負面思維對生活的困擾，就必須學會自我調適。合理宣洩心中的不滿，讓自己始終處於熱情洋溢的狀態之中，這樣負面思維才能漸漸扭轉，考慮問題也就會更合理、更符合事實、更全面一些。我們要用生活中那些美好的事物陶冶自己的情操，讓自己感到生活很充實，進而對生活充滿信心。

消極心態，會排斥美好事物

人的一生無法避免地會各種挫折，但是當面對逆境時，不同的人會有不同的態度。有人用積極的樂觀的態度發現生活中的樂趣；而有人總是習慣用悲觀的眼睛去丈量生活的土地，結果導致美好的事物離自己越來越遠。

所謂消極心態，是指個體因受自身或外在因素影響而不滿意自身條件或能力，進而造成信心的缺失，對人的社會生活產生不利於工作和生活的負面心理狀態。

這種心理是一種嚴重心靈疾病，它會排斥財富、成功、快樂和健康。不僅影響人們的工作、學習和生活，還會讓人陷入絕望、悲觀、失敗的痛苦之中，甚至可能導致貧窮、失敗、悲觀和痛苦。

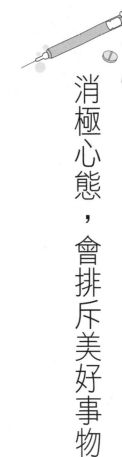

曾有兩位患者同時去了兩家醫院看病，他們都懷疑自己患了肺結核病。經過一系列的檢查化驗，結果出來了，其中一個真正患有肺結核，而另一個只是由於感冒引起的呼吸道感染。

但由於看病的醫生的一時疏忽，寫錯了他們的化驗單。那個真正患有肺結核病人的化驗單上，寫著『感冒引起的呼吸道感染』；而那個沒有患肺結核病人的化驗單上，卻寫著『患有肺結核』。沒想到這兩張小小的化驗單卻導致了兩種不同的結果。

多年以後，那個真正患有肺結核的人，認為自己身上沒有結核病，心情一天比一天好，積極的心態，喚醒了他的免疫功能，幾年後，身上的肺結核不藥而癒。而那個沒有患肺結核的人，心裡老認為自己身上患有肺結核，過度的擔憂而導致免疫力下降，幾年後真的感染上了肺結核。

現實中，如果有人總是帶著無奈、懷疑、恐懼的心情生活，那無疑是在煎熬生命。反之，倘若能生活在充滿生之喜悅的安詳之中，就會發現不管是生活還是工作原來是這樣的美好，心情就會一片寧靜。

有位職場精英認爲不同的情緒會使自己和團隊的工作效率不同。他每天堅持只將自己的積極情緒帶進辦公室。他說：『如果在某件事情上感覺壓力很大時，他會先轉移注意力到一些輕鬆或者比較容易處理的工作上，一方面化解了自己的不良情緒，同時又不會耽誤其他工作的進行。』

生活就像一面鏡子，從生活中看到的東西常常是自己心態的映射。我們對待事情的態度，決定了我們的幸福和快樂指數。因此，要想積極樂觀地面對工作和生活，必須改變消極的生活態度，保持良好的心理環境。一般而言，可以透過以下方面調節自己的心態。

一、把注意力放在美好的方面

世界上從來沒有完美的東西。關鍵就看你是把注意力放在美好的方面還是不好的方面。

二、學會積極地思考，轉換思維方式

當處於逆境時，不要抱怨，而是轉換思維方式，積極地思考，進而把不利的困境變成了成功的機遇。

三、**學會跟自己進行良好的心理溝通**

比如某個階段遇到的挑戰或是要應付的壓力比較多時，可以稍微放鬆一下心情，舒展情緒。看場電影，喝杯咖啡，或是透過運動、旅遊、傾訴等表現出來。

Chapter 01

將抵觸感消弭於無形

有時，我們會因自身的喜好或曾經的陰影，對某個人、某種事物產生恐懼及逃避的心理，或因某種壓力變化產生抵觸心態。這種心態常常讓人情緒變得非常暴躁和極度不穩定。

我們通常不喜歡別人命令式的要我們去做事情，並在心理討厭下達不太友好的命令者。你越是要我往東，我偏要往西；你越是惱火命令我，我越是反感！這就是抵觸心理。

心理學家認爲，『抵觸情緒』就像『慢性毒藥』一般，短時間裡看不出危害，但卻能夠在不知不覺中讓你在人際關係中『滅頂』。抵觸情緒一旦在言行中表現出來，當別人感受到這種『抵觸』後，一般會識趣地『遠離』你，讓你在與他人相處時越來越孤立。

有一位設計公司的策劃人員，她謹言慎行，忍氣吞聲，任勞任怨，終於熬過了試用期。當她成為公司的一名正式員工後，她得意地想：自己以後就可以不用地如此賣力去討好那些『老鳥』了。

不久，部門經理要她負責一個難度比較高的設計專案，她看著那疊厚厚的資料很不樂意，認為這是在欺負新人。但礙於對方是經理，所以雖然沒有拒絕，但接受任務時態度也不是很爽快。

部門經理從她不情願的表情中，感受到她內心中的抵觸。從此以後，再也不交給她重要的工作，而她也因為在工作中得不到重視而感到失落和孤立。

當遇到事與願違的人或事時，每個人可能都會有抵觸心理。比如，感覺工作壓力大到無法承受時，往往較會早上掙扎，不想起床，一想到要上班就緊縮眉頭！這種心理上的抵觸還可能會影響一整天的心情。

人不可能永遠處在好情緒之中，一個心理成熟的人，總是善於調節和控制自己對人、對事的抵觸感。我們可以從以下幾個方面調整抵觸心理。

一、自我控制

當憤憤不已的情緒即將爆發時，要用意識控制自己，提醒自己應當保持理性，還可進行積極的自我暗示，讓抵觸消弭於無形之中。

二、自我鼓勵

遇到事與願違的事情時，試著用某些哲理或某些名言安慰自己，鼓勵自己坦然接受；爲了減少內心的失望，也可以找一個理由安慰自己，這樣可以減輕你內心的抵觸感。

三、及時轉移

當火氣上湧時，有意識地轉移話題或做點別的事情來分散注意力便可使情緒得到緩解。打打球、散散步、聽聽流行音樂，也有助於轉移不愉快的情緒。

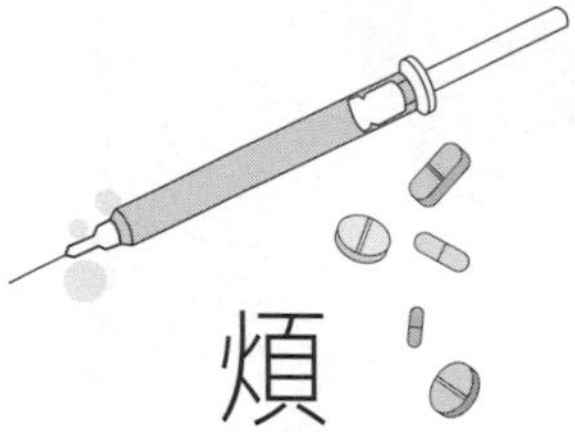

煩惱會擾亂內心安寧

人的一生總會發生一些讓人意外的事，彼此交織在一起就會產生煩惱。有的人稍稍遇上不順心的事就會煩惱，時間一久，變成了習慣性的煩惱。一旦被煩惱纏上了，就很難脫身，明知道走進了死胡同，還是一個勁兒往前走，碰壁了也不回頭。煩惱的內容並非人生大事，而是日常生活中的『例行公事』，有些甚至是些拿不上檯面的『雞毛蒜皮』小事。儘管事情不大，但是數量極多，每天沒完沒了，躲不開，推不掉，總叫人不順心、不如意，憋在心裡難受，發洩出來又不知從何說起，最後往往莫名其妙地煩躁不安，致使人心神不寧，不思飲食，甚至失眠。

那麼，人爲什麼會煩惱呢？

煩惱起於執著

人生的順逆境很多，一般人遇到困境，例如失業、失戀、失意時固然令人沮喪、煩惱；處在順境時，如果執著、害怕失去，也會被順境所困。所以人生不管遇順逆之境，要懂得轉境，不可執著，能夠不怕煩惱，不執著煩惱，自可安然自在。

煩惱由於看不開

世間上有很多煩惱都是自找的。有人就是愛『杞人憂天』，爲某件小事煩惱了半天，甚至鑽牛角尖，煩惱當然會綿綿無絕期。凡事多往正面看，能夠看得開、看得透，能對一切吉凶抱著超然灑脫的態度，就不會自尋煩惱。

煩惱出於太自私

人之所以會有煩惱痛苦，皆因有『我』；『我』字意味著自私，也是煩惱的根源。比如，『我愛……』、『我要……』、『我喜歡……』，凡事只想到『我』的需要，就容易與人對立、衝突，因此『我多則苦多，我少則苦少』。所以，一個人起心動念如果能多想想如何有利於人，就會活得輕鬆踏實。

每個人都有最基本的共同願望，那就是擁有快樂，遠離痛苦，但幾乎沒有人懂得『快樂』與『痛苦』的真正原因。快樂真正的源泉是『內心的安寧』，內心清淨平和，就會快樂，不會受外部環境的影響。

人們通常相信，高級轎車、豪宅和金錢這些外在的物質是快樂的真正源泉，爲此，幾乎消耗了所有的時間和精力去追逐這些，事實上，它們同樣也帶來許多痛苦和煩惱。

比如，即使我們身處最美的環境中，而且要什麼有什麼，可是一旦發起怒來，這種幸福便隨之消失。一旦我們的心受到各種形式的干擾，哪怕外部條件再優越，也不會快樂。這是因爲煩惱會破壞我們內心的安寧。只有心是安寧的，外在的條件才會使我們快樂。

因此，要想得到真正的快樂，就必須激發並持續體驗這種『內心的安寧』。當然，這需要透過精神上的修行，鍛鍊我們的心智，逐步減輕並最終滅除消極、焦慮的心態，同時以積極、平和的心態取而代之。在不斷提升內在的安寧之後，最終才會享有永恆的安寧。

『擔心』是收到的最差禮物

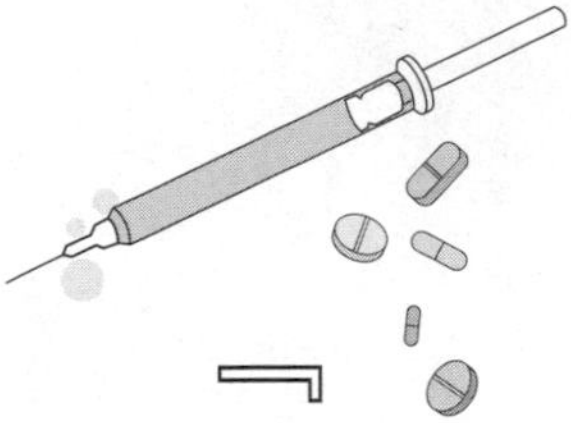

生活中，我們總是以關心的名義對身邊親朋好友表達自己的擔心。比如，小心不要生病了，不要走夜路……這些看似關愛的話語，實際上是我們內心的一種恐懼而已。我們希望把自己內心的擔心說出來並提醒對方注意安全。

但是，我們的擔心往往給對方帶來了負面的影響，比如走夜路的人會覺得心理不踏實。走路時他會想：我會不會有意外？會不會有問題？這樣一來，原本不怕走夜路的人，有可能會被嚇到。

很多父母管教小孩也是基於這樣一種心理。他們督促小孩要懂禮貌、守規矩、用功念書。這其中也許是摻雜了怕別人說自己教的孩子沒教養！或是希望、期待孩子能爲他們帶來榮耀，甚或是將自己未能實現的願望加諸在孩子身上，加重他們的負擔。這樣的擔心帶給了孩子『不好的負面能量』，不但於事無補，反而有害，潛意識裡其實卻是為了自己。

所以，過度為他人擔心，其實是一種不負責任的行為！不管是父母對孩子還是好朋友之間，抑或是其他的關係中，我們的『擔心』是他人收到的最差禮物！

有一個年輕人想獨自背包旅行，但被家人告知一個人出遊太危險，有可能遭遇不測。他的家人甚至還列舉了一些別人掉到山崖、發生車禍等負面案例。如此一來，年輕人只好約了幾個同伴隨旅行社外出。

在整個旅途中，這個年輕人心不在焉，無心觀看風景，玩得不盡興不說，心裡還總是想著旅行中會不會出現不好的事情。整趟旅行讓他提心吊膽，弄得跟他在一起玩的朋友都沒了心情，只好提前結束旅行。

注意安全是應該的，但是過分擔心別人就會影響到對方的生活。我們不能因為聽到或看到電視裡報導各種各樣的壞人，就覺得身邊的人都不安全；不能因為社會陰暗的一面，就以為沒有任何美好可言。

從心理學的角度看，這種『擔心』是由於缺乏安全感所導致的心理上的恐慌。在面對危險的時候，出現一定程度的恐懼感是正常而自然的心理反應。但現在一些人出現了過度恐慌，他們在心理上過度誇大某件事件的實際危險性，整日惶恐不安，憂心忡忡。

當人們再把自己心中這種恐懼傳染給他人，無疑給對方增加心理負擔加重，致使他人精神焦躁不安，嚴重的甚至影響身體的健康。出現這種情況主要是因為人們看待問題過於片面。如果能客觀全面地看待問題，並理性分析，過度的擔心也就不會產生了。

很多時候，我們過多的操心及擔心，往往是我們送給別人的最糟的禮物。操過多的心，把自己搞得慌亂疲憊不堪，而我們所關愛的人不但沒有受惠，反而還因為我們的情緒波動而受害。所以，要在工作、愛情、親情上和人際關係上學會放下，我們才能得自在，他人也會更自由、舒服。

Chapter 01

沒有一個人能讓我信任

身邊總有這樣的人，他們不會輕易相信任何人，凡是總覺得別人是要自己，雖然心中也會渴望有值得信任的人，但可能因爲過往受欺騙的經歷或者某種負面的事情，導致自己對人十分的不信任。他們敏感、戒備心強，即使是自己的好朋友，也會懷疑對方的真誠。

這種在生活中不信任別人行爲，其實就是多疑的心理。有多疑心理的人往往從自己的角度去推測別人或事情。即便是事實擺在眼前，也可能固執地堅持自己的結論，而不顧明擺著的事實。

心理學認爲多疑是一種極其不良的心理品質，除了對個人的生活、工作、學習、人際交往產生非常不好的影響，對自己的人生也會有更大的傷害。設想一下，如果我們對身邊的人和事總是懷疑這懷疑那，任憑對方解釋都不信，誰還會願意跟我們相處？

有一個職業技術學院畢業的學生開始工作後，發現他的同事大都是本科畢業，有的還是碩士畢業，這讓他感覺很自卑。

在公司，他從不提及自己的學歷，可是時間一長別人還是就知道了。他開始懷疑同事們在背後議論自己，一定是說他學歷低能力差，能進公司就是靠的關係。有時候上司找他去辦公室談話，他都會覺得緊張，感覺背後似乎有人對自己指指點點。

這種情況越來越糟。後來，他感覺同事們看自己的眼神、與自己說話的口氣都帶有鄙視的色彩。有時同事們隨便開個玩笑，他都會覺得是在針對自己。他認為沒有一個人能讓他信任，當然他在單位也沒有什麼朋友，上班就是埋頭工作，下班了就回家待著。這種生活令他感到壓抑，心煩意亂。

多疑的人，看問題大多從自己的角度去『推測』事情的前因後果，而不是從客觀事實本身去尋找。比如，對於有多疑病心理嚴重的人，即使做過各種檢查，沒有發現有病或嚴重疾病，仍會認爲自己一定有病或有大病，醫院或醫生檢查不出來，是他們的錯。所以仍不停地尋求檢查或治療。

多疑心理的人，往往有一個想法會不由自主地跟著，使此人胡思亂想，睡眠不好，精神緊張。不相信任何人，不願意與人溝通快樂或者悲傷，情緒得不到適當地排解和釋放，難免對工作生活帶來極爲不利的影響。

因此，人與人之間建立信任是必需的。當心情鬱結時，在和別人進行互動過程中能自動得到診斷和治療，心情就能愉快起來，並覺得能夠找到很好的方式處理自己的難題。

克服多疑心理，有利於良好人際關係的建立。首先要從心理上加強積極的自我暗示，運用理智的力量控制自己的『胡思亂想』，全面客觀看待自己懷疑的物件。

其次要多和人交往。多疑往往是由於不瞭解他人，或者不瞭解事實的全部才會加重彼此的隔閡。只有放棄成見，多與人交往，才會發現原先被偏見所蒙蔽而不瞭解的另一面。

當然，多疑心理往往與個人的性格有很大關聯，要改變也不是短時間所能奏效。如環境許可，最好在心理諮詢師的幫助下，循序漸進加以改變。

Chapter 01

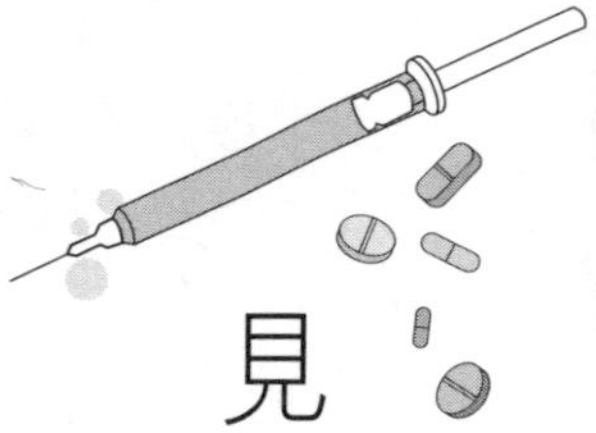

見不得別人比我好

多數人都有一種心態，當看到自己身邊的人在某些方面超過自己，便情不自禁地產生難受的感覺，並隨之出現一些消極行爲。比如，自己因爲沒有得到重用而鬱悶，同事升了職，自己不但沒有祝福對方，反而在背後說他的不好。

這種『見不得別人好』的行爲是人類忌妒情感的一種表現，也是一種較普遍的心理問題。忌妒心理是從人與人之間的競爭關係中孕育，其根源在於占有欲沒有得到滿足。在面對『別人比我好』時，心裡便不平衡，潛意識中希望占有屬於別人的東西。

善忌妒的人常有挫折感和憤憤不平的情緒，這種情緒很容易互相感染。這種『我得不到，別人也休想得到』的心理，一旦得不到自己想要的東西時，便去破壞別人的東西，力圖把別人拉回到和自己一樣的起跑線上。

好妒者往往是屬於自我評價很低的人群。他們見不得別人進步比自己多，工作比自己輕鬆，日子過得比自己好……。認爲，只要占有了該屬於自己的東西，就能獲得良好的自我價値感和自我感覺，但事實上並非如此。

容易見不得別人好，且會嫉妒那些曾不如自己，現在卻『混』得比自己好的人，看到他們總是不以爲然的樣子。如果聽到別人遇到了什麼倒楣事或是不順心的事，反而還會心裡偷偷樂著，有點小開心，感到心理平衡了不少。

將心比心，你可以這樣想，當朋友跟你說他們的好事你就會反感，甚至還會冷嘲熱諷的諷刺他們幾句。這樣，誰還喜歡跟你親近呢？

比如，如果你至今未婚，甚至還沒有找到自己的另一半。當聽到一個大學同學即將結婚的消息，這本來是應該恭喜對方，但你心理卻很鬱悶，嫉妒他所擁有的一切。再想想他在學校成績比你好，工作比你如意，談戀愛結婚一切都比你順利……，就會越發不舒服，別人憑什麼哪都比自己好？自己也很努力，付出並不比別人少，但現在的差距卻如此之大？

如果讓對方知道了你有這種心理，會防範你，怕因為妒忌而傷害了彼此的感情。由忌妒而產生掣肘、造謠中傷、孤立他人等種種行為，都屬於消極行為，對人有害，於己無益。忌妒別人的人往往把精力用於對抗而不是發展，最終自己也得不到進步，害人害己。

有些人總覺得自己應該比別人聰明，比別人發展得好，比別人幸福，習慣覺得別人應該是落在自己後面，見不得別人比自己好，這是他們心裡陰暗的想法。這些消極的念頭，有時候也會地躲在我們心裡某個角落，在陽光照耀不到地方，悄悄地滋生，並控制我們的心，產生嫉妒的心理。

學會接受自己不如人，也是一種智慧的人生態度。別人過得好，尤其是朋友過得好，應該為他們而高興，給予祝福才是。這樣的心態，才會讓我們變得更加陽光，更加平靜，更加開心。

忌妒情感是不可避免的，但正確認識自己的忌妒情感，自覺避免不良影響是可以做到的。好妒者應該把別人的成功，別人的『好』視為對自己的鞭策和挑戰，從自我發展中提升自我價值感，而不是試圖以打擊別人來抬高自己。

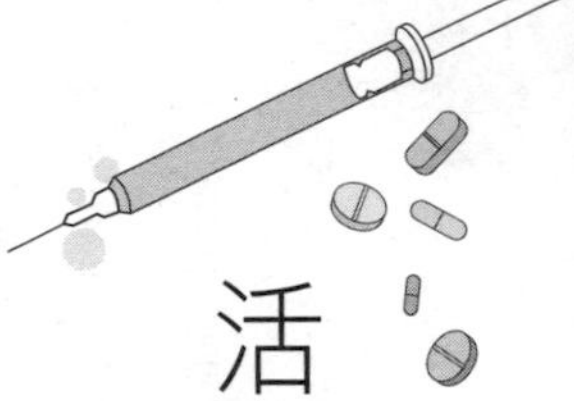

活在一個人的冷清世界裡

『我不要孤孤單單一個人』『孤零零的一個人，什麼事也做不成。』

你有這想法嗎?會在某一個時期，不願與人交往，寧願活在一個人的冷清世界裡，就算被寂寞和孤單吞沒，也只是獨自哭泣，用睡覺和進食來塡補自己空虛的生活，產生天地之大爲何沒有自己容身之地的感覺。

心理學家認爲，真正的孤獨，往往產生於那些雖有表面接觸，但沒有情感和思想交流的人。孤獨是一種普遍的現象，每種文化、每個族群、每個階級、每個年齡、每個人類歷史時代中的每顆心靈，在某些時刻，都會與它不期而遇。

事實上，不管你是置身於人群，還是獨居一室，只要你對周圍的一切缺乏瞭解，或與身外的世界無法溝通，就容易產生孤獨感。

孤獨感大致可分爲兩類，外在的孤獨和內在的孤獨。

邊疆守衛國土的軍人，駐守孤島的士兵，長期工作在高山氣象觀測站的技術人員，他們遠離親人朋友，在工作之餘沒有與更多與人相互交往的機會，沒有豐富多餘的精神生活，有時不免感到孤獨。由於他們從事的是內心無比充實的崇高事業，所以這種孤獨是外在的。

內在的孤獨則是一種最深層次上的心理體驗。這種孤獨就是身處人群之中，但內心世界卻與生活格格不入的狀況。它常常不可名狀，是十分有害的。孤獨太久可能不是件好事，因爲人的一切包括思想、學識、才能等等，只有在社會生活中才存在，離開了社會生活與人際交往，人的本性與人格會無法保持完整和健康。

心理學研究顯示，孤獨的人因爲行爲，常常會受到人們的排斥。誰會喜歡總躲在牆角緘默不語的人？大多數人都喜歡健談、與人爲善、外向、友善的人。如果不主動交朋友，別人也極少會主動與你交朋友，你就會持續孤獨下去。這是個不正常的循環，你需要擺脫它。

一、多參與團體活動

爲參與而參與，不必希望要求立即獲得回報。參與團體活動的主要價值，在於學習社會能力，並尋找機會讓別人認識及瞭解你。先要做到與別人和諧共處，才有可能培養出感情。

二、打破孤獨的僵局

當你無法跟周圍的人進行必要的交流，也無法進入那種熱烈的氣氛裡面，常會不由自主地覺得自己很孤單。而他們之中那種熱烈的氣氛，更是襯托出你的被冷落。這時，你就更要承受雖身處人群而感孤獨的壓力。要戰勝自我，打破這種局面，唯有『忘我』，想一想你能爲別人做點什麼。

三、充實自己的生活

孤獨時，你可以嘗試從事某些活動，如學習、工作、寫作、聽音樂、健身、步行、從事某種愛好、看電影、閱讀或演奏音樂。從事這類活動，能讓你不去關注自己的孤獨。

Chapter 01

你並不是什麼都不行

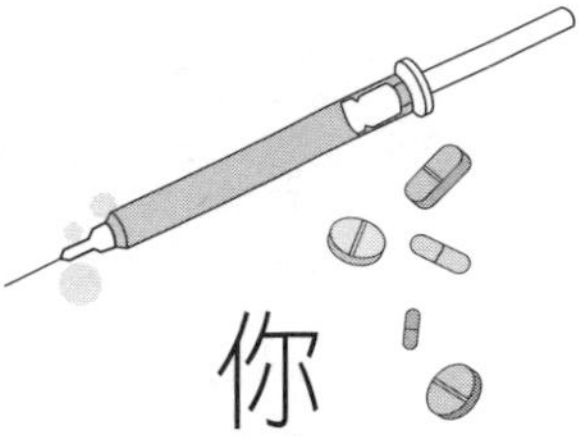

人際交往中，可以看到這樣一種人：他們缺乏自信，辦事無膽量，畏首畏尾，隨聲附和，沒有自己的主見，一遇到有錯誤的事情就以爲是自己不好。並且不斷地否定自己，結果導致他們有『自己什麼都不行』的自卑心理。

一個人形成自卑心理後，往往懷疑自己的能力，怯於與人交往。在經過一番努力後尚無效果便洩氣，認爲自己不行，對社會產生恐懼感。本來經過努力可以達到的目標，也會因『我什麼都不行』的心理而放棄追求。

自卑，可以說是一種性格上的缺陷。表現爲對自己的能力、品質評價過低，同時還伴有一些特殊的情緒表現，諸如害羞、不安、內疚、憂鬱、失望……等等。

自卑心理主要是對自己缺乏一種正確的認識，他們往往低估自己的能力，覺得自己各方面不如人。事實上他們並不是什麼都不行。

有一個女孩認為自己沒有任何特長。從小到大，為了配合父母好好學習的要求，她從不做與學習無關的事情，甚至很少與人交往，以至於沒有一個自己的交友圈。

隨著年齡的增長，她意識到了自己必須改變這種狀況。她曾經想過學樂器，但最後不了了之。她原本以為自己還是有一定的文字功底，可是當她試著投稿，卻從不被人認同，從來沒得過什麼獎。於是，她開始懷疑自己根本就不具有寫文章的才能。

她覺得自己的人生沒有一點閃亮的地方。有時候，她會假裝自己很堅強，但是一到關鍵時候就又退縮了。尤其是公共場合，她甚至很怕別人注視自己的目光。在陌生的人面前，她也希望自己不要做錯事，給別人好的印象，而實際上這種心理卻只會讓她更緊張。很多人在一起吃飯的時候，她覺得自己伸出去夾菜的手都在發抖。

她的自卑心理直接導致性格膽小，情緒緊張。最讓她煩惱的，因為膽小，她失去了很多表達自己、展現自己的機會。

具有自卑心理的人，總是過多地看重自己不利和消極的一面，而看不到有利、積極的一面，缺乏客觀全面地分析事物的能力和信心。克服自卑的心理要從以下幾個方面進行調整：

一、認識自己，揚長避短

對自己有充分全面的認識，才能發現自己的亮點。這就需要我們客觀地分析自己的優點和缺點，尤其要看到自己的長處和潛力，並且努力做到揚長避短，而不是妄自嗟歎、妄自菲薄。

二、不苛求自己

如果對自己的要求太高，期望太高，不切實際，苛求自己，偏要給自己下達了不可完成的任務，結果當然是不可能成功。還會因此產生挫敗感，而覺得自己一無是處。

三、做自己喜歡的事情

做自己喜歡的事情，才能增加成功的可能性，進而樹立自信心。如果你強迫自己做不喜歡的事情，一旦挫敗，就會影響自己對自己的認知，甚至做出『我什麼都不行』的錯誤判斷。

Chapter. 02

攤在陽光下 療癒才會發生

We all need help

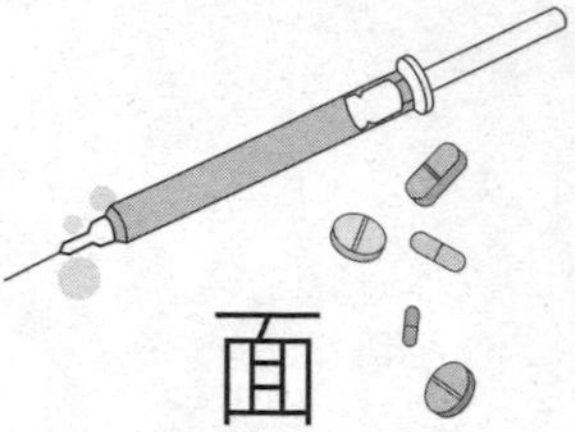

面對自己舊時的傷痛

生活中，每個人都有讓自己不開心的事情。害怕傷害，卻又總是去回顧舊時的傷痛。自己折磨自己，是重新找回快樂的最大障礙。走不出舊時的傷痛，最終傷害的只是自己，是我們不放過自己。

其實，任何經歷都是生命途中的風景，或好，或壞。過往傷痛只是那讓人不夠愉悅的風景，沒必要抓住不放。舊時的傷痛是一份難以追懷的往事，帶給人們也許是一段無法抹去的記憶。但是不能讓過往的傷痛影響到現在，並帶到美好的明天。那些難過的，心酸的，也不要回想，不要再糾結，盡可能都釋放出來，讓它與昨天一起告別吧！

心理學家認爲，人們成年之後所遭遇到的種種問題，絕大多數都是源自孩提時代的某次傷害或錯誤的價值判斷和信念。過去的傷害如果不能正確引導，將會直接影響以後的價值判斷，這些錯誤價值判斷和信念，會造成一定的偏差行爲，而偏差行爲如果沒有經過適當的疏導，就會伴隨著人們長大，成爲一生行爲的主要模式。

有一個女孩大學畢業後初出社會，感覺到茫然無措。別人都找到了滿意的工作，她卻不知道自己應該去找一份什麼樣的工作，甚至不知道自己能做什麼。當很多同齡的女孩都在享受愛情的甜蜜，她不敢接受對她心儀已久的追求者。在別人看來，她是那麼冷漠，那麼不可接近。

可是路還要走下去，生活還要繼續。她只好去求助心理醫生。她告訴醫生：每當靜下心來，她總感覺自己的心一直哭泣，總覺得心中有傷痛，但不知如何去面對……

在心理醫生的引導和啟發下，她想起這樣一個場景：

一個小女孩孤獨地坐在家門口，期待著媽媽回家。為了得到媽媽的表揚，她努力地收拾好家務，還把房間打掃得很乾淨，她想，待會媽媽回來一定會稱讚她的……但是天都黑了，媽媽還沒有回來。好不容易看到媽媽的身影，可是媽媽拖著疲憊的身體進門，看也不看她一眼，對家中的整潔也視若無睹。

小女孩失望極了，那一夜，小女孩傷心地躺在床上，不停地自責『我不夠好，不夠重要』……

要敢於面對那些過往的不愉快的經歷，只有這樣才能從中走出來，不至於再被舊時傷痛拉進旋渦。面對舊時的傷痛，坦然接受，並及時宣洩，方能放下痛苦，開始美好的新生活。

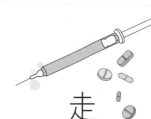

走出受害者的牢籠

每個人都有受傷害的時候，也會有傷害他人的時候，因為有些痛苦是我們本身所無法迴避的。聰明的人，總是在受傷後低頭舔舐自己的傷口，收拾支離破碎的心，重新撿起生活的勇氣。

但有少數人會陷入傷痛中悲傷得無法自拔，以受害者的形象自居，躲在受傷的牢籠裡打轉。其實，這個牢籠不是避風的港灣，而是弱者逃避痛苦的場所。在受害者牢籠裡面待的時間愈長，就愈不快樂。

心靈是與我們最接近但有時候又是最難理解、最難控制的，但只要有堅定的信心，任何心理傷害都是可以戰勝與克服的，相信『使你痛苦的，必將使你強大』。只要擺脫了受害的情緒，就是一個全新的自己。

有一個女孩突然發現，相戀六年的男友身邊有了另外一個女孩，兩人原本計畫年底就要結婚的。他們的感情就像一個長跑運動員，本來已經站在起跑線上，蹲下了身子準備起跑，突然被告知比賽取消了。

男友的離開，毀滅了之前所有的憧憬與夢想，這該是一種怎樣的傷害，這種事情的發生對誰來說都是難以承受的。不過出乎意料的是，女孩除了手機裡刪掉了一個人的號碼，依舊正常上班、逛街、上網……

人生在世，受傷是對難免的，如果受傷就消沉一蹶不振，那麼你的一生恐怕都要在悲痛中度過了。因此，要學會擺脫受傷的干擾，不要把自己禁錮在眼前的困苦中，眼光放遠一點，當你看得見成功的未來遠景時，便能走出困境。

如果事情已經到了不可挽回的地步，那就接受它吧！痛苦只能讓自己更慘，選擇哭泣，不過是又一次選擇了讓受害的牢籠繼續囚禁著自己。

受害情結愈少，你才會愈來愈快樂。真正的傷是痛在心裡的，只有自己主動走出來才行。別人再多的安慰，也無法彌補。

世事無常，遇見生命中突如其來的困難時，我們可以透過以下方式讓自己儘快走出受害者的牢籠。

一、坦然面對並接受

只有坦然面對傷害並勇敢接受這個現實，你才能正視並分析這些事情引起的原因，過程，以及造成的傷害。然後經過反思並放下它。這樣，才能在心理上形成了一個過程，一個放下煩惱的過程。

二、努力去忘記

痛苦的東西往往很難忘記，這就是造成你走不出受害牢籠的原因。切記，任何事情都會成爲過去，要學會忘記。閉上眼睛想像一些美好的事情，儘管這並不容易，但爲了自己，必須努力去做這件事。

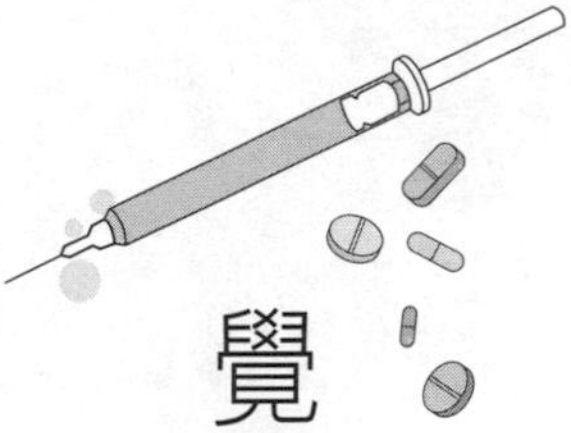

覺察自己的感受

常常看到戀愛中的男女，一方爲了迎合對方的喜好或要求，而處處委屈壓抑自己，但等到婚後，不再願意受委屈去討好對方，這時兩個人的感情就出現問題。所以說，無論是戀愛中還是生活中，我們要時刻覺察自己的感受，而不是爲了討好別人讓自己委曲求全。

還有一些人，總是因不會拒絕別人而不惜勉強自己做不情願的事。他們過於在意別人對自己的看法或怕得罪人，而失去了自己的處事原則。他們感覺是在給別人面子，認爲那是一種對別人的尊重，可是，你有沒有意識到，你自己的基本拒絕權利卻沒有得到別人的尊重。

心理學家曾經做過一項調查，發現從自身角度考慮而做出某種決定的人，對生活的滿意度，比那些僅僅爲取悅別人而做出決定者高出三倍。心裡不情願，嘴上卻答應的行爲，對自己的心理健康極爲不利。

一位家庭主婦在電話裡向好友抱怨，說女兒的舞蹈課要考試，自己答應週末陪女兒去舞蹈學院排練一上午，下午要陪小姑挑選婚紗，晚上陪老公去應酬……這週末比正常的工作日還要忙碌，而且還都是為別人的事忙碌。只是，雖然每次都覺得很累，她卻無法拒絕別人的要求。

電話那端好友責怪她逞強，明明不想做還應下一大堆事。但好友也知道自己這個朋友是那種有求必應的熱心人，只要別人開了口，她總礙於面子，怕惹別人不高興，所以就算心裡再不情願也要硬撐著答應下來。『不』字要從她嘴裡蹦出來，似乎比登九重天還難，到頭來，再搞得自己心力交瘁，疲憊不堪……

很多時候，儘管並不想幫別人做事，只是當別人請求你幫忙時，還是不由自主地讓答應了。爲了取悅親人、朋友、上司、同事……其實在做這樣事情的時候，你內心中已經有了些許的不悅只是不想表達出來而已。只能不惜犧牲自己的時間、精力甚至金錢，希望別人喜歡自己的強烈欲望，遠遠超過了自己的需要和欲求。

一口答應下的事情如果因爲其他原因做得不夠圓滿，預期的效果達不到，對方又怒氣沖沖，統統怪罪於你。這個時候，我們要做的是關照自己，把自己的付出和辛苦說與他人聽，必要的時候把自己的憤怒說出來，讓別人理解你的付出，這樣才能有一個正確的溝通。以避免相同的事情不再發生。

在工作中，有的人總是擔心自己不承擔所有交代下來的工作，就會惹上司不高興，於是有求必應，從來不去考慮自己的承受能力，結果把自己分內的工作都給耽誤了。

這個世界上，沒有誰能確切地瞭解自己，只有跟自己的心連接的時候，才能聽見自己內心的聲音，才能深切感知到自己的需求，哪些是自己歡喜的，哪些是不樂意做的，不要總是一味勉強自己，那樣只能讓自己生活在一個表面快樂，而實際上不安的世界裡。

很多人都遇到過類似的麻煩，為取悅別人委曲求全。這是一種非常奇怪的心理。可是一旦形成心理定式，難免就有『邀寵』之嫌，很難改掉。不少人顧慮重重，總擔心自己『不悅人』就會變成孤家寡人，沒有朋友，沒有家庭，沒有正常的生活。這種不顧及自身需求的一味給予和奉獻，恰好容易被他人利用，讓自己活得很累，一點也不開心。

其實這是一種病態心理，要想治癒這種心理，勢必要在事情發生時候關照自己內心的感受，從客觀上承認並接納這種心理，然後從尊重自我和他人角度上，找到一個合適的辦法，這樣才能兩全其美。

生活是自己的，在這個世界裡，每個人都有屬於自己的位置，有自己的生活方式，自己的幸福，何必刻意去討好別人而不顧自己的感受？放開自己，掙脫他人對我們的束縛，不要被他人的言論所左右，找到那片屬於自己的天空，才能活得更瀟脫。

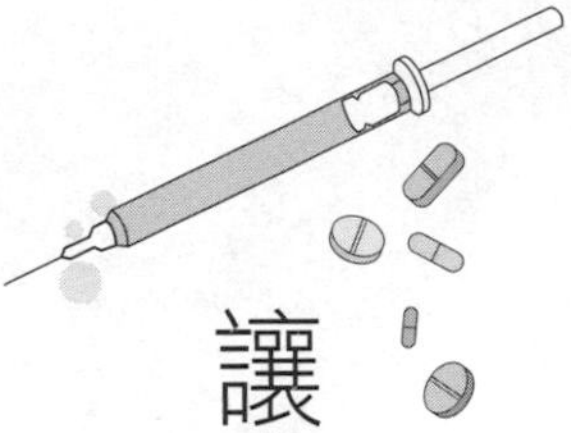

讓事情自然發生

有些人爲了達到自己的某個意願，往往想方設法的執著追求，大有『不達目的誓不甘休』、『不撞南牆不回頭』之勢。但是，當人們過於苛求時，結果往往會讓人失望。如果明知個人力量不能改變時，不如面對現實，讓事情自然發生。順其自然的結果不會很差，因爲一切出自本心。

有些人總是感歎自己命運不濟，但其實是他自己過於強求原本不屬於自己的東西。比如有人爬山，開始爬上一座山，才剛上一小段，就發現另一座山更壯觀，於是匆匆跑下來開始登那座壯觀的山；剛登一小段，又發現一座更雄偉的山，於是又匆匆跑下來去登新發現的山……如此下去，跑來跑去，跑了幾十年卻仍在『山』腳下徘徊，結果仍是一無所獲，只把自己弄得內心疲憊，而埋怨命苦又心累。

生活中，多數人遇到挫折或困境，不是垂頭喪氣地放棄，就是固執地明知不可為而為之，進行無謂的堅持。事實上，這兩種方式都不是最理想的。要實現自己的夢想，既不能輕易妥協於途中的障礙物，也不能不看前方，埋頭趕路，盲目行走，最好的方式是順其自然地在前行時，隨時審視所走的方向是不是正確，並努力朝向自己的目標前進。

在一個寺院裡，住著一老一小兩位和尚。這天，老和尚給小和尚一些花種，讓他種在院子裡，小和尚拿著花種正要去種，突然被門檻絆了一下，摔了一跤，手中的花種撒了滿地。方丈在屋中說道『隨遇』。

小和尚看到花種撒了，準備去掃。當他把掃帚拿來，天空突然中刮起了一陣大風，把散在地上的花種吹得滿院都是，方丈又說『隨緣』。

小和尚一看因為自己不小心而弄砸了師傅交代的事情，想竭力去補救。於是，他賣力地去掃散落在院子的花種。突然，天空又下起了大雨，小和尚連忙跑回了屋向師父哭訴，老方丈只是微笑著說『隨安』。

冬去春來，一天清晨，小和尚突然發現院子裡開滿了各種各樣的鮮花，他蹦蹦跳跳地告訴師傅，老方丈依然是兩個字『隨喜』。

人們常說『謀事在人，成事在天』，而這種『成事在天』便是一種順其自然。只要自己努力了，問心無愧便知足了，不奢望太多，也不會事事失望。當然，順其自然不是讓你隨波逐流，而是弄明白自己的人生方向後踏實地朝著目標走下去，堅持正常的學習和生活，做自己應該做的事情。

面對無力改變的處境時，過於執著追求，反而徒增失落和苦惱。不如因勢利導，適應環境，從既有的條件中，盡自己的力量和智慧去發掘樂趣。從容地從不如意中去發掘新的解決方法，才是求得快樂與安靜最好的辦法。

生活中，遇事要學會用辯證的觀點去解決問題。憤怒、衝動往往會失去前進的方向。凡事順其自然，一切都將按自己的規律發展。做好自己應該做的事情，不悲觀失望，不羨慕任何人，以一種平靜的心態來對待自己的人生。

慈悲的關照負面情緒

每個人都會遭遇到來自情緒方面的困擾，比如恐懼、焦慮、憤怒、怨恨、傷心……這些壞情緒將直接影響我們的工作和生活。瞭解和關照自己的負面情緒，就可以改變自己對事情的認識，更能進一步改變對自己的感覺。

負面情緒有可能是受他人的行爲或心情影響而產生的，也有一部分是來自我們本身的原因。尤其當遇到一些特殊情況時，一個人心情不好，情緒波動是很正常的，也是很必要的，但關鍵就要看我們能不能引導壞情緒。

振宇生活在競爭激烈的大都市裡，來自工作和生活的雙重壓力常常讓他不堪重負。家人的期望讓他不能停下腳步，上司的苛刻讓他無法承受，他的內心總是充滿了焦慮、緊張、不安。每當他覺得自己快堅持不下去的時候，就會選擇一個週末去痛快地玩兩天。

這期間，他不開手機，不上網，隨心所欲地做自己想做的事情。想睡覺就睡個昏天黑地；想流淚就大聲痛哭……總之，怎麼讓自己舒服就怎麼來。當他把自己所感受到的壞情緒釋放出來了，心情就會感到無比的輕鬆，並且能重新振作再度投入工作中。

情緒本來就是一種動的能量，要讓情緒『動』起來。相反的，一般人常把情緒『壓下去』，並沒有弄清楚自己的感覺，或是承認自己因害怕而壓抑感覺，這其實是在和自己的內心較勁。

關照負面情緒，不是採取壓抑或逃避的態度，而是學會面對，並全然經歷它。當難過卻又要裝出笑臉，是很辛苦又吃力的。何不給自己一個安靜獨處的空間，去體驗自己的感覺，讓情緒感覺流動就不會長期憂鬱沮喪，很多疏離的感覺就會被釋放。

當你有些負面感覺時，要多花些力氣去細細體會那種感覺。人的一生，說到底追求的不過是能夠相信、照顧自己，只有時常關照自己的感覺，並進行自我安撫，才能快樂健康活出真正的自己。

覺察自己身體哪個部位有緊繃或不舒服的感覺，把呼吸輕柔而慈悲地帶到那裡，輕輕地安撫它。告訴自己，這個不舒服的體驗是一條讓你更加瞭解自己的必經之路，它沒有對錯，不用去抗拒或否認，它出現的目的是要說明你的成長，而不是來找碴的。

透過自我安撫，把不舒服的感覺全部包容在身體裡，不去抱怨或壓抑。這個時候，可以做一下深呼吸，隨著呼吸把壓抑的情緒呼出去，把舒適和安寧吸進來，慢慢地讓舒適和安寧隨著呼吸貫穿全身每一個部位，擁抱著不舒服的那個部位，像抱著個受傷的脆弱小孩一樣，溫柔而慈悲地與它共處。

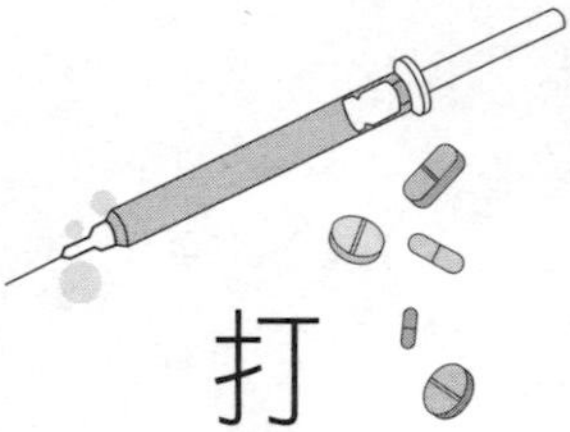

打破因循的模式

人們都相信因果循環的定理，儘管現實中有些事情並不遵循這個規律。因爲人們或多或少都有『因循守舊』的心理。正如每個人在處理事情或解決問題時，一般都是按照自己的方式，這種方式一旦反覆被運用，就形成了自己的思維模式。

俗話說『十里不同俗』，不同的地區和民族有不同的風俗習慣，哪怕有的風俗根本不科學，但人們依然對此深信不疑。這些人認爲，這些規矩和風俗都是先人傳下來的，一定有其根據；既然『每個人』都這麼做，他也只能這麼做。人們就是受了自己的慣性思維所影響。

慣性思維是指人習慣性地因循以前的思路思考問題，彷彿物體運動的慣性。慣性思維常會造成在處理事情時產生盲點，缺少創新或改變的可能性。多數人都會或多或少都受到慣性思維的影響。因此，我們要突破慣有的思緒模式，用發展的眼光看待問題，具體分析。

有一個心理家做了這樣一個實驗：他把五十名願意參與實驗的志願者帶到一個房間，房間裡放著五顏六色的各種物體。

心理學家要求試驗者只是盯著藍色的物體看五十秒，然後要他們閉上眼睛。這時，心理學家開始提出問題：大家剛才看到了多少個紅色的物體？多少個黑色的物體？多少個綠色的物體？這下子，所有的試驗志願者都呆住了，啞口無言，回答不出來。

一般來說，人們在思考問題的同時，把自己生平所有累積的經驗和知識加了進去。殊不知，這不僅形成了慣性思維，同時也給人們的內心增加了一個沉重的思想包袱。

思維定式阻礙我們用新觀念、新方法、新思路去創造性地解決問題，使人失去創新和發展的源泉和動力。想擺脫這個思維的負擔，就要改變自己的思維方式，並突破這種思想枷鎖的束縛。

人是慣性的動物，抗拒改變是自然反應，也是必然的過程。很多人只想保持眼前舒適順暢的生活而毫不思變，很可能是因爲習慣了，或害怕失敗，反對任何新的嘗試。『大家都是這樣做的』、『我做這一行以來，從沒聽說過這種事……』

雖說並不是每一個人都能立即全心全意地接受改變，因爲接受新事物意味著放棄舊東西，意味著改變舊有生活模式。但是要想準確認知這個世界，就不能用老眼光和習慣的思維定式來看待和理解它，要學會突破舊的觀念和想法，用創新發展的眼光看問題，只有這樣，才能抓住問題的關鍵點，才能達到意想不到的效果。

哲人說：『妨礙人們創新的最大障礙，並不是未知的東西，而是已知的東西。』的確，任何事物只有不斷發展才有持續頑強的生命力，創新是發展的原動力，而創新的根本來源則是思想上的創新。要想挖掘無窮的創新能力，就要丟掉慣性思維，不爲定勢所累，不斷開闊視野。

同樣的，要想治癒我們心靈上的疾病也需要打破慣性思維，衝破我們日常所進行的生活模式和工作模式，這樣才能真正地關照自我，進而拔掉心靈上的毒瘤。

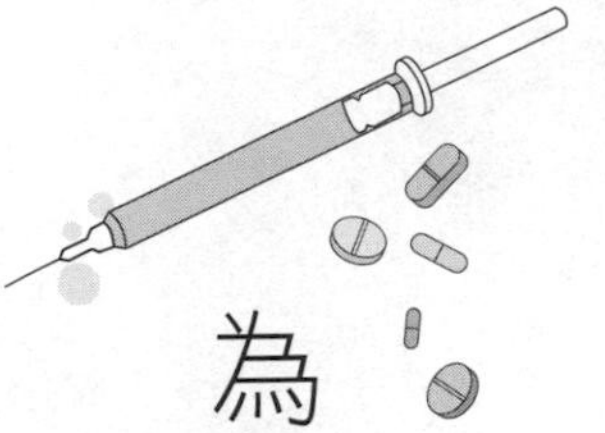

為舊信念換上新衣

每個人都有著自己堅定不移的信念或底線，並按照自己所確信的觀點、原則去爲其付諸行動，使之成爲一種習慣。習慣成自然，也理所當然地認爲應該這樣或是那樣不可……

也許在你很小的時候，父母就認爲你長大不適合做某一個工作。於是，你認同並堅信這個觀點，在整個成長過程中，都被這個信念所左右。以至畢業找工作時，總是會刻意避開此類的工作，你甚至寧願失去一個好機會，也不願改變這個信念。

比如，很多人鄙視『女人做得好不如嫁得好』這句話，事實上，真正優秀的女人往往會嫁得好。就像很多人認爲金錢的多少不重要，但真正的事實卻是經濟基礎決定上層建築。如果這個信念是失誤判斷，我們爲何不能及時改變，爲舊信念換上新衣，然後努力克服自己身上與生俱有的弱點，這樣也許會在某個原本不喜歡的行業中成就另一番成就。

有一個女孩，性格豪爽，為人處世不拘小節。很多人覺得她不適合做一些嚴謹細緻的工作。由於就業壓力大，在長達半年多的失業過程中，她終於明白自己沒有選擇工作的優勢。這時，正好有一個公司急徵一位財務人員。女孩完全顧不得自己是不是適合這個工作，毫不猶豫地答應了。

後來，女孩儘管每天都要面對在別人眼中看來枯燥乏味的資料，但她在其中津津有味地慢慢咀嚼，細細玩味，樂在其中的做著數字遊戲，還越來越熱愛這個職業。

許多舊時的熟人都難以置信，以她的性格能做得好財務？但她卻堅信自己本來就應該是個天生對數字敏感的好會計師。

人最大的偏見是對自己的偏見，某個舊的信念就是這樣的一種偏見。這種偏見甚至有可能是生活中一種習慣。就比如成功是一種習慣，失敗和平庸也不過是一種習慣，真正的成功是能夠征服自己的人，是能夠有勇氣適應轉變、克服自己弱點、顚覆舊信念的人。

很多意識中的舊信念，都已經成了人生中的背景雜音，不停地播放，也影響我們的行爲反應，成爲人生道路上的障礙，並制約著我們的人生方向，以至於讓我們屢遭失敗，寧願甘於平庸。因此，我們要爲舊信念換上新衣。

要想真正改變思想中的舊信念，你可以試著把自己的舊觀念一一記錄下來，然後自己再一一否定它們。也許用這種方法可以挑戰和檢視它們，走出舊信念對自己的禁錮，進而拓寬人生之路。

從不同的角度來看人生

有一些人，總是對自己的現狀不滿，抱怨生活處處不如意。有的對自己目前的工作不滿意，認爲職位低，賺錢少，比不上別人；有人埋怨自己的婚姻不幸福，感情不順；有人整日常瑣事憂心忡忡……如此一來，生活只能越來亂，工作越來越糟，心中卻充滿了矛盾與煩惱。但是如果我們能夠換個角度看人生，是會別有一番滋味和美好的。

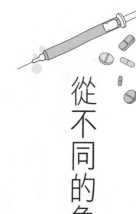

快樂生活是每個人所追求的。快樂與否更重要的是取決於我們的心態，心態好了，可以在任何困難面前甘之如飴，我們經常在處理問題時提倡換位思考，其實不妨也來換個角度思考人生。

人生是可以選擇的，你可以選擇從終日陰鬱，也可以選擇從每天陽光。快樂來自積極和主動，面對逆境尤其需要。擁有積極和樂觀性格的人，在面對人生種種困難時，仍然可以屹立於人前，無往不利。

有一個天生多愁善感的女子，她對生活要求高，但又無力改變現實，因而只能在內心掙扎和糾結，整日鬱鬱寡歡，對工作提不起興趣，對生活麻木不仁。雖然她知道這樣的狀態不好，但又不知如何調整自己。

一個週末，她被好友拉去參加了一個聚會。在聚會上她得知一個曾經的高中同學得了癌症，她看到那位同學帶著三歲的小女兒，微笑地與每個朋友寒暄，要女兒喊人。那一刻，她被感動了，也開始意識到自己是多麼幸福！

人生在世，免不了會遇到非善意的對待、不公平的事。如果以一種消極、悲觀的心態來看待問題，只會陷入另一個煩惱的旋渦。但是換個角度看生活，放眼遠望就會發現，人人都會遇到這些事，發生在你身上的事情是一件再平常不過的事情了。

有人說人生如美酒，芳香醇厚，甘飴醉人；有人說人生如苦海，風波險惡，浩渺無邊。其實，人生的成敗得失、高低起跌是可以相互轉化的。命運的孰好孰壞，是禍是福，關鍵在於自己以怎樣的心態去看待。

若妳是妻子，請不要爲丈夫沒有時間陪妳而生氣，換個角度看，他出去應酬是爲了妳和這個家生活得更好，至少他不是不思進取，不務正業；若你是丈夫，請不要爲妻子做的飯菜難吃而生氣，換個角度看，至少妻子在你身邊，且願意爲你下廚；若妳是母親，請不要爲兒女成績不好而生氣，換個角度看，至少他們身心健康地成長；換個角度看人生，你的生活其實有很多快樂的理由。

人生的起起落落、浮浮沉沉是難免的。對不同的生活際遇，應以樂觀、豁達的態度來看待。得意時，淡然處之；失意時，泰然處之。換個角度看，你會發現，人生原有另一番滋味，另一道風景。

如此多角度地去關照生活和遇見的事情，就會發現擾亂美好的只是我們的心而已，當認識到這一點之後，內心還有什麼結是解不開的呢？

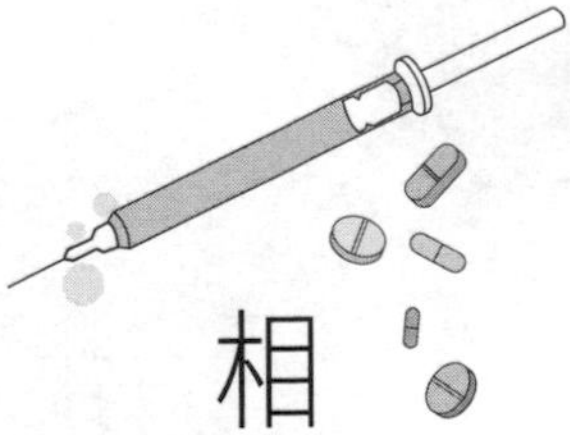

相信自己會變得更好

有些人一旦在某件事情上寄予希望卻落空，就喪失信心，發出『命該如此』的感歎。這是一種不願接受自己的心理表現，把根源歸結於命運的不公，不願意承認是自己做得不夠好。如果我們堅信『自己會變得更好』，也許之前的期望就會實現。只有心存美好才會更好。

美好亦是希望。每個明天都充滿希望，每個明天也就充滿美好。希望是實現美好夢想路上的指向標，是你爲之奮鬥的不懈動力，有了希望你就能感受到內心的激情與力量。只要相信自己會變得更好，才能充滿激情地創造進步、實現目標、收穫成功。

世界上最偉大的科學家霍金一生被盧伽雷病（即肌萎縮性脊髓側索硬化症）糾纏不得不一直被固定在輪椅上。可是他依然不放棄生命、不放棄生活，不放棄理想，永遠心存美好地獻身於科學事業。用堅定的信念、堅強的意志化解難以逾越的苦難，成為當今世界的科學大師之一。

當有人問他是否認為命運對自己不公，讓他失去太多時，霍金自然地微笑著，用還能活動的手指在鍵盤上敲出了『我的手指還能動，我的大腦還能思考，我還能追尋我的理想，我還有愛我和我愛的親人朋友，我內心充滿對生活、對人生的希望……我相信自己可以變得更好』這樣一段話。

相信自己將變得更好，可以激起自己對生命的渴望，能讓內心產生一股巨大的精神力量。生活中遭受挫折並不可怕，關鍵是要永不絕望，相信美好。正如有一首歌詞所寫：『在那山谷裡寂寞的角落裡，野百合也有春天。』心存美好，就會感悟到生命的美好與真諦。

巴西前總統盧拉曾經說：『不要去想這個世界有多麼骯髒和黑暗，重要的是心存美好。只要你抱著一顆友愛、信任的心去面對別人，也會收穫友愛、信任。』的確，就像一切的回報都需要一定的投入一樣，寶貴的生命一定會屬於熱愛生命的人，一切的美好一定會獎賞心存美好的人。

也許你曾經有過這樣的體會：當你的心態越是平靜的時候，心中的期待便會悄然而至。當實現某個目標時，才發現當初那種企盼的急切心情早已蕩然無存。所以，當失望時，不能自暴自棄，依然要相信自己努力到一定的程度時，收穫會自然到來。

一個人保持心存一份美好，美好就會青睞你。一個不相信自己，不相信美好的人，勢必自尋煩惱，痛苦不堪。只有心存美好，善於等待，不斷追求，不懈努力，才能以更好的姿態面對學習、生活和工作，才會善待人生、善待生命、善待生活，從中不斷地攫取新的收穫，常樂常新。

請相信，只要相信自己會越來越好，希望就永遠在，夢想就越接近，生命就更美妙……

Chapter. 03

淡化挫折

調節自身的能量

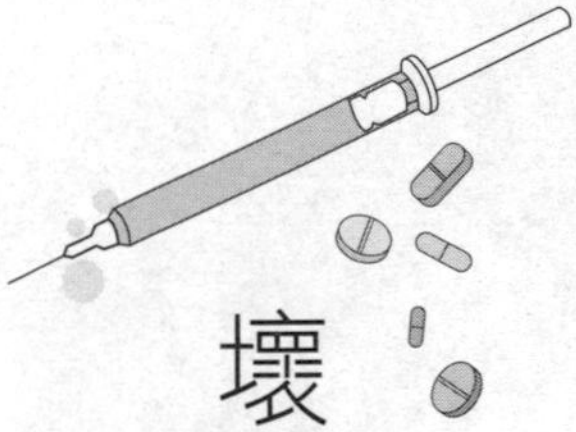

壞事有時候不會全盤皆壞

有的人一旦遭遇疾病、失業、失戀等情況，就陷入無邊的苦痛中無法自拔，彷彿真到了世界末日。難道壞事就一定是全盤都壞嗎？當然不是，很多時候，壞事中也蘊藏著好的機遇，關鍵是你理性面對，才能發現轉機。

也許我們遇過被老闆炒魷魚的情況，儘管當時有些尷尬，一時無法接受，萬分的委屈，但如果冷靜想想，我們之所以被辭退，多數情況下是有原因的，也許那本來就是一份不適合自己的工作。與其繼續一份不利於個人職業發展的工作，還不如去尋找另一番天地，也許能在新的環境中成就人生。

從這個角度來說，失業反而有助你靜下心來分析以往的得失，總結優勢，找出缺點，思考未來的方向，規劃自己的人生。它還能磨煉意志，激勵我們正確面對困難和壓力，爭取更大的成功。

古詩云：『山重水複疑無路，柳暗花明又一村。』西方也有一句諺語：『當上帝關上一扇門時，就會打開另一扇門。』人的一生中，難免會是遇到不好的境況或受到不公平的待遇。但要始終相信：壞事並非註定著全盤皆輸。

再沒有比入獄服刑更壞的事情了，但美國現代短篇小說之父歐・亨利卻把囚房斗室改變成寫作的書房。亨利一生經歷曲折，少年時貧窮又多病，從沒受過高等教育。任職一銀行會計，督察來考核時發現庫中缺少了一筆錢，儘管他確實未偷錢，但法律無情，為避免審訊，只好逃往中美洲。

一年後妻子病危，亨利冒險回去探視，旋即被捕入獄。

由於要打發無聊的時光，他開始寫小說。他獄中四年因禍得福，共寫了十二部作品。他的作品充滿趣味，佈局離奇，沒人能猜得到結局。出獄後他繼續寫短篇小說。最後，他的小說行銷數百萬冊，幾乎各國都有譯本。

沒有人願意遭遇『壞事』，但『壞事』常常不期而至。『壞事』中包含著『苦痛』，同時也包含著『好事』，只是我們習慣性地只看到消極的一面，而看不到積極的方面。自強者總是想辦法擺脫逆境。他們會看向未來，壞事並非一定就是一壞到底。人生之路不可能一帆風順，危機時刻會降臨，此時需要的是積極地樂觀地去面對。風雨中也許會有彩虹，絕路中往往蘊藏著一種『生』的機會。

當『壞事』來臨時，要積極行動，從現在做起，主動出擊，打破現有環境和條件的局限，開拓進取，並把『壞事』化爲『好事』。拋開畏懼心理，不沉淪，不墮落，鼓起戰勝困難的勇氣。冷靜面對，認真思考：造成困境的根源是什麼，有利因素是什麼，如何盡力去補救。

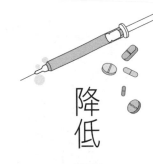

降低『我受不了主義』的影響

生活中總有一些人喜歡把『我受不了！』當成口頭禪用來抱怨。例如工作中受了點委屈，朋友誤會了自己，但凡是自己不喜歡的某件事情發生時，往往也會不知所措地脫口而出：『我受不了了！我無法再忍受下去了！』

事實上，這部份的人只是把不如意放大了，實際情況卻不並像他們所說的那樣真的受不了了。試想一下，到底發生了什麼事情會讓你如此無法承受，其實情況真的沒有那麼嚴重。即使你當時無法接受，冷靜思考一下就會發現，事情並沒有糟糕到無法挽回地步。所以，請不要過於誇大這種不良的情緒所帶給你的負面影響。

有的人在工作中受到了委屈，抑或是遇到了不公平的待遇，往往氣憤難耐，無法忍受上司的反覆無常，看不慣主管的假公濟私，進而做出不理智的行爲，決定離職。但是辭職之後，你能保證不會再發生類似的事情嗎？

有些人因爲抗壓能力不佳，一旦遭遇感情上的挫折，便被失戀的苦痛所折磨，表示自己『受不了失戀的痛苦』，『沒辦法忍受失去我愛的人』。這些話語的言下之意是：『我不能失去我心愛的人，否則我今後就不可能幸福，也將無時無刻被巨大的痛苦折磨。』諸如之類的想法，其實是被誇張了。

如果你真的無法承受某些痛苦的事情，就算是沒能找到一份好工作，或者被某個所愛的人拒絕。那麼這種被剝奪感就很可能會讓人很痛苦。但你會因此就失去生命嗎？不會的，除非你非要愚蠢地走向絕境。

事實上，在那些你不喜歡的事情中，幾乎沒有什麼事對你來說是攸關性命的，而且如果真的面臨實實在在的危險，那麼你反而不會輕易的說：『我受不了了！』也就是說，你實際上是能夠忍受幾乎每一件你所不喜歡的事情。

如果你說『我沒辦法忍受這個了』那麼你可以作出自己的安排和計畫，開始新的生活，這的確是一個改變當前處境的明智決定。但如果一方面不能忍受它，另一方面又痛苦地維持著它，就只能讓原本不好的心情更加糟糕。

事實上，無論多麼嚴重的事情發生後，你仍有選擇的餘地，你不但可以去應對處理它們，而且可以去尋求其他方面的滿足感。讓我們主動去降低『受不了主義』的負面影響，走出自我設置的困境，面對現實，坦然接受，相信你的可以做得更好。

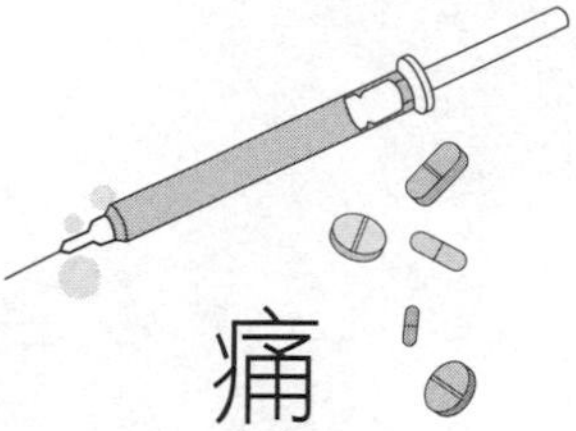

痛苦能帶來真正的教益

在人們的觀念中，痛苦往往是伴隨著沮喪、悲哀、難過、寂寞、內疚、懊喪、惱怒、恐懼、焦慮……因此，每個人都不喜歡痛苦。甚至在某種程度上，人人都害怕承受痛苦，碰到有可能受傷害的事情就慌不擇路，望風而逃。其實，只有經過這些痛苦的歷練，我們才能從中得到教益。

有人說：『沒有教訓與沒有經驗一樣，都不能使人成大器。』教訓是指把事情做錯了，結果是痛苦和失敗，所以說得到了教訓。誠如美國開國先哲班傑明・富蘭克林所言：『唯有痛苦才會帶來教益』。

一個成熟的人一定經歷過許多痛苦，沒承受過太多痛苦的人不會成熟。承受痛苦是走向成熟的必經之路，任何人都不能迴避。

有個漁夫有著一流的捕魚技術，還被人們尊稱為『漁王』。依靠捕魚所得的錢，他累積了一大筆財富。但是年老的『漁王』非常苦惱，因為他三個兒子的捕魚技術都極其一般。

漁王想不通原因，他從兒子們懂事起就傳授捕魚技術給他們，從最基本的東西教起，告訴他們怎樣織網最容易捕捉到魚，怎樣划船最不會驚動魚，怎樣下網最容易《請魚入甕》。

他們長大了，漁王又教他們怎樣識潮汐、辨魚汛……凡是漁王多年辛辛苦苦總結出來的經驗，他都毫無保留地傳授給兒子們，可是兒子們的捕魚技術竟然還是一般般。

這天，漁王與一個朋友交談，並把自己的苦惱告訴了朋友，朋友的一句話點醒了漁王。原來漁王為了讓兒子們少走彎路，一直讓他們跟著自己學。只是傳授了他們技術，卻沒有傳授給他們教訓。

有的人面對問題不斷拖延時間，消極處理；有的人對問題視而不見，或儘量忘記它們的存在；有的人想把問題排除在意識之外，換得片刻解脫。只想遠離問題，卻不想經受解決問題帶來的痛苦。

規避問題不是解決、減輕痛苦的方法，必須與問題正面搏擊。事實上，大部分人不願正視痛苦。在他們看來，似乎人生本該既舒適又順利。他們不是怨天尤人，就是抱怨自己生而不幸，哀歎無數麻煩、壓力、困難與其爲伴，認爲自己是世界上最不幸的人。

人生是一連串的難題，面對它，我們要勇敢奮起，積極設法解決問題。

你還在承受工作的折磨嗎？

你還在忍受老闆和上司的折磨嗎？

你還在遭受失戀的傷痛嗎？

你還在承受家人和師長的壓力嗎？

你還在遭受病痛的折磨嗎？

……

如果現在還在遭受這樣那樣的痛苦折磨，你該慶幸，因爲命運給了你戰勝自我、昇華自我的機會。

換一種眼光來看待這些折磨吧，感謝那些在工作和生活上折磨你的人，唯有以這種態度面對人生，才能獲得真正的成功。

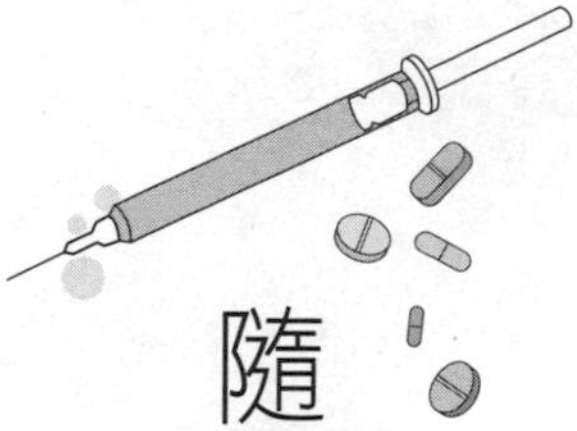

隨時清空自己的壞情緒

很多時候，由於心情不好，伴隨的多是表情沮喪、說話無力、無精打采之類的表情，有時甚至是莫名其妙發火。這些都是壞情緒在作怪。壞情緒不僅影響人的情緒，還會對身體造成傷害。

有一項心理調查顯示，每個人每天平均都有十分之三的時間會脾氣古怪，發牢騷、易怒。嚴重者會有萬念俱灰、焦急緊張等不愉快的時刻，這些壞情緒對人的影響是負面的，消極的，我們要學會隨時清空影響心情的不良情緒。

就像我們會定時做家務，清理掉家裡沒用的物品，這種清理讓人感到無比輕鬆和快樂，每做一次，就有一種又丟掉了一個包袱的感覺。人的心靈其實也像一個家，它的容量是有限的。生活中難免有挫折，失敗不幸，難免有煩惱、寂寞與孤獨，這些東西對你的人生毫無用處，卻侵占了大量的生命空間，如果不及時清理掉，它們就會慢慢膨脹，讓你的心靈變成一個垃圾坑。

南宋僧人曾作一偈：『身是菩提樹，心如明鏡台。時時勤拂拭，勿使惹塵埃。』心如明鏡，纖毫畢現，洞若觀火，那身無疑就是『菩提』了。但前提是『時時勤拂拭』，否則，塵埃厚厚，似繭封裹，心定不會澄碧，眼定不會明亮了。

『萬事如意』不過是人們對生活的良好祝願。人生不如意之事十有八九，我們雖然不可能保證事事順遂，但可以做到坦然面對，該放下則放，不要把一些『垃圾』堆積在心裡，把烏雲掛在臉上，把牢騷掛在嘴邊，否則就會變成不受歡迎的人。

心理學家曾說過：『人是最會製造垃圾污染自己的動物之一。』

的確，清潔工每天早上都要清理人們製造的成堆垃圾，這些有形的垃圾容易清理，但是人們內心諸如煩惱、欲望、憂愁、痛苦等無形的垃圾卻不那麼容易清理。不過只要你堅持，即便是每天清掃一點，時間一長，你也能把這些拖累心靈的東西掃光。

那麼，該如何清空自己的壞情緒？

一、不要抑制

壞情緒該發洩時就發洩，有時擺脫壞心情的最明智做法就是別抑制它，而是給予適當發洩。但要設定好自我放縱的界限，找個沒人的地方哭上幾聲，或拍打一下桌椅，跺一跺腳。

二、迅速進入工作角色

當不愉快的事情降臨到頭上時，不妨迅速進入工作角色。實在不能投入工作，就去幫助忙碌的同事，煩心事很快會被你的忙亂沖掉了。

三、假裝很快樂

有人說假裝快樂就會真的很快樂。偽裝好心情也會讓你的壞情緒在不知不覺間悄悄溜走。當壞情緒湧上心頭時，不妨努力伸一下懶腰，做幾次深呼吸，打個電話給好朋友，試著強制自己微笑三分鐘。

四、回憶美好時光

回憶美好時光是釋去壞心情的一劑良藥。你可以回憶自己獲得某次榮耀並站在頒獎臺上的情景，或者是某天你穿著漂亮衣服上班贏得同事的讚美，抑或在某次會議上老闆當眾表揚你的愉悅之情等。

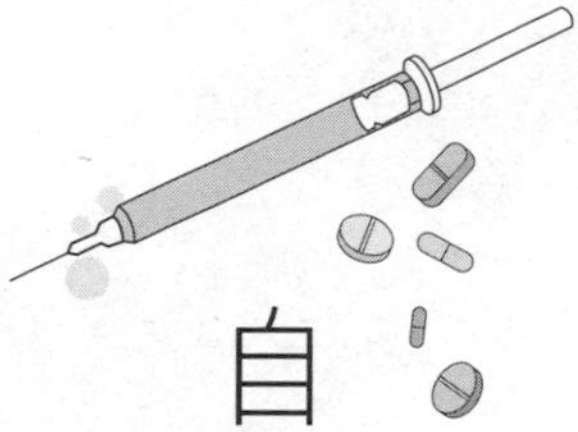

自我激勵，淡化挫折

快節奏的現代生活讓人身心疲憊。越來越多的人失去對生活的興趣，工作效率不高、人際關係好像也出了問題……各種負面因素剝奪了我們的激情。要讓以自己充沛的精力去面對每一天重覆的工作，當然，自我激勵是必不可少的。

『自我激勵』是指個體具有不需要外界獎勵和懲罰作爲激勵手段，就能爲所設定的目標，自我努力工作的一種心理特徵。德國專家斯普林格在其所著的《激勵的神話》一書中寫道：『強烈的自我激勵是成功的先決條件。』

的確，人的一切行爲都是受激勵產生的，透過不斷的自我激勵，會讓人有股內在的動力，朝所期望的目標前進，最終到達成功的頂峰。同時，自我激勵也是淡化挫折的靈丹妙藥。

人的一切行爲都是受到激勵而產生的。你激勵別人，別人也激勵你，透過不斷地自我激勵，會讓你有股內在的動力，讓自己朝著期望的目標奮鬥，最終到達生命的高峰。

在一次馬拉松比賽中，曾經有個職業運動員突破了世界紀錄。這個被專家斷言不可能有人突破的預言被打破了，很多人都非常好奇他是如何做到的。直到在一次接受採訪時，這位運動員才道出了成功的祕訣。

他說，在比賽前的一天，他就先去比賽場地考查了一趟，並且把賽程中每一個有明顯標記的地點牢記在心中。

到了比賽當天，他每跑完一段距離，就會在心裡暗自激勵自己：我可以堅持到下一目標。就這樣，在反覆的自我激勵中，他不僅突破了自己的生理極限，而且還打破了世界紀錄。

自我激勵具有神奇的作用，積極的自我激勵不僅可以淡化挫折，減輕痛苦，而且可以激發內在的潛能。當調動了身上巨大的寶庫並開始行動，你就能打開成功的城堡。

在生活中，無論別人如何低估或搗毀你的能力，請不要懷疑自己能成就一番事業的能力，並且運用積極的自我激勵，盡可能地增強自己的信心，這樣不僅可以加強抗挫能力，還能更容易走向成功。

那麼，在生活中，該怎樣做到有效激勵自己呢？

一、**樹立遠景**

樹立遠景邁向自我激勵的第一步，要有一個你每天早晨醒來爲之奮鬥的目標，它應是你人生的目標。遠景必須即刻著手建立，而不要往後拖。你隨時可以按自己的想法做些改變，但不能一刻沒有遠景。

二、**敢於做自己恐懼的事情**

如果勇敢地堅持做一些自己怕做的事情，並且成功了，將會大大增強你的自信心。如果失敗了，就要爲失敗找出適當的原因，讓自己在改進中不斷取得進步和成功。這樣一方面可以有的放矢，另一方面也不至於把自己的自信心輸掉。

三、把握好情緒

人開心的時候，體內就會發生奇妙的變化，進而獲得新的動力和力量。但是，不要總想在自身之外尋開心。令你開心的事不在別處，是在自己身上。因此，找出自身的情緒高漲期用來激勵自己

想做一個堅強的人，要經常激勵自己，並以積極的心態以及充滿自信的生活，運用自我激勵的力量，儘快從遭受挫折中站起來，在遭遇失敗的時鼓勵自己從頭再來。

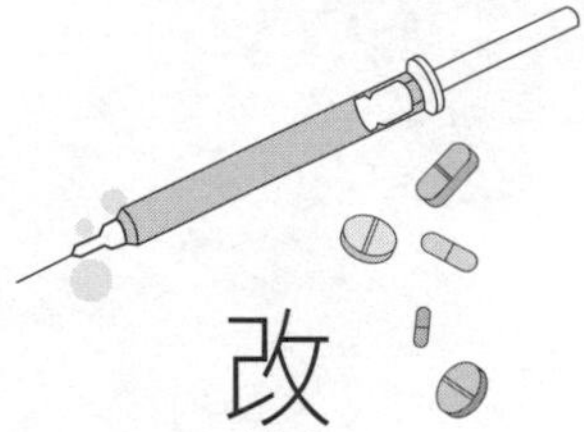

改變與世界的對話方式

有些人處在逆境中，總是自怨自艾，在傷痛裡掙扎，看不到任何光明和希望。其實，有時只需要換個角度去看待不幸的事情，也能從中發現改變處境的機遇。一個樂觀的人不會因塵世間各種紛擾而破壞那份對美好事物的憧憬，他總能發現世界的種種可愛之處。

心理學家曾經做過一道趣味試驗：有四個相同的瓶子，如何擺放才能使其中任意兩個瓶口的距離都相等呢？這些參與試驗者都想不出方法，後來有一個小男孩做到了。小男孩把三個瓶子放在正三角形的頂點，將第四個瓶子倒過來放在三角形的中心位置，答案就出來了。

生活中很多事情是無法改變的，能改變的只是自己看待事情的角度，因爲從不同的角度去觀察生活，心態就完全不同，思考的結果當然也不同。即使是同樣一件事情，在不同人的身上就有著截然不同的反應，有的人會一直愁眉不展，有的人依然和往常一樣積極進取。

比爾・蓋茲曾經說過：『人和人之間的區別，主要是脖子以上的區別。』一個人心態的積極與否，是決定人生成敗的關鍵因素。我們要學會用正面思維來積極的管理自己的生活，進而給予自己積極的正面能量，這也是事業成功和自我實現的絕佳途徑。

有一個時裝店的經理不小心將一條高價呢裙燒了一個洞。有了瑕疵的衣服其價值也會一落千丈，就算用織補法補救，也只是蒙混過關，欺騙顧客。若被顧客發現，那麼商店的信譽將受到嚴重的影響。

這位經理突發奇想，乾脆在小洞的周圍又挖了許多小洞，並精於修飾，將其命名為『鳳尾裙』。不久，越來越多顧客喜歡這種風格獨特『鳳尾裙』，商店的銷路更加開闊，該時裝商店也因此出了名。

人之所以不快樂，是因爲常常會把精力全集中在對生活的不滿之處，而我們更應該做的，是把注意力集中在開心的事情上，這樣才可以更多地感受到生命中美好的一面，對生活心存感激。

林語堂曾說過：『面向陽光，陰影總在你身後。』生活中遭遇一些失敗是很正常的。這個時候，你應該反過來想：我至少不是這個世界上最不幸的人！有多少人在嚴峻的就業形勢下找不到工作？有多少人在裁員風波中被無情淘汰？又有多少人能擁有一份安穩的收入來維持基本的溫飽問題？

不管遇到什麼事情，快樂的人總會換一個角度去思考問題。改變了思維，就改變了與世界互動的模式。因爲改變了思維，所以能輕鬆地處理問題，而不是整天活在恐懼或者沮喪之中。

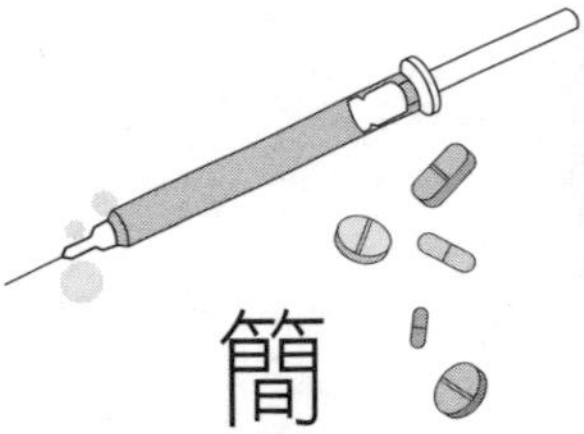

簡單的生命會更美好

社會在變，人心在變，面對這個世界，多數人覺得越來越複雜，物欲橫流，人心也因此變得疲憊不堪。

人生因爲簡單而更精采！一簡單就會很快樂，一複雜就會痛苦，所以現在快樂的人寥寥無幾，痛苦的人卻熙熙攘攘。生活中有情趣的，一定是日子過得簡單的那些人。

有時候，人們並不在意這工作有多少，而是在意自己做了多少，得到多少回報。人類本來是世上最有智慧的動物，卻因爲對得失斤斤計較，最後都變成了疲於耍心計的小聰明。

簡單的生命會更美好。有些人總是喜歡把原本簡單的事情複雜化。我們原本過著衣食無憂開心的生活，但偏要去追求奢華的生活，在這一過程中勢必要承受巨大的壓力，生活也就失去快樂的本質。

自然界中有一種單細胞生物，只有一個細胞構成，它們是結構最簡單的生命體。這些單細胞生物一生做的只有進食、排泄、繁殖、直到死亡。雖然它們一生只過著簡單的生活，但也用本身證明了自己的存在，和其他生物一樣詮釋了生命的意義。

以推崇『簡單生活』理論而聞名的美國作家麗莎•茵•普蘭特指出：當你用一種新的視野觀看生活，對待生活時，就會發現許多簡單的東西，才是最美麗的。生命本來就是簡單而又美好的，但是卻有人為了一些亂七八糟的思想浪費精力。

世界上最具有感染力的笑容，並不是有著天使般面容女子的傾城一笑，而是一個幾乎走投無路的人，終於為家人謀到一份工作時，那種舒心的笑容。

有一位得道的禪師被徒弟詢問自己是如何努力修道的。

禪師告訴弟子，他的確很用功，每天餓了就吃飯，睏了就睡覺。

弟子覺得懷疑，他心想，每個修道的人都會這樣做，禪師這樣怎麼能算用功呢？況且別人這麼做為什麼就沒有修為呢？

禪師似乎看出了弟子的困惑，說：「有的人吃飯時不肯吃飯，百種思量，思量可有可無的憂愁；睡覺時不肯睡覺，千般計較，計較無足輕重的煩惱。所以修為自然不一樣。」

把簡單的事情做好了，成功也將是順其自然，水到渠成。縱觀那些生活快樂的人們，他們生活並不奢華，工作並不複雜。只關注生命和事業中最本質的東西，把精力和時間都用在刀刃上。

簡單的生命會更美好，真正的幸福源於簡單的生活。所以不妨從現在開始簡化你的生活，推掉一些不必要的約會，把時間和家人一起分享。看看日出日落，逛逛書店、花園，打個小盹聽聽音樂，和孩子們一起度過寧靜時光，和愛的人來一場浪漫約會，做一些自己以前想做卻總感覺沒時間做的事情。

『只有簡單著，才能快樂著』。捨棄生命那些沒用的，只取你所需要的。當你爲真實的自我而活，幸福感會潤澤你的心靈，你會找到內心的寧靜與從容。也將發現與內心的東西相比，周圍的一切是那麼的微不足道，這種簡單的生活才是自在的、真實的、最美的生活。

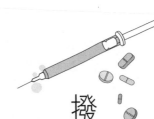

撥正指針方向，才能走對路

在我們身邊，有很多人賣力地工作和生活，但最終卻收穫甚微。甚至還把自己弄得疲憊不堪。爲什麼？其中一個很重要的原因，是很多人根本就沒有選對努力的方向，也就是說他們一直在做無用功。

列夫托爾斯泰說：『一個人如果沒有的方向，那他便沒有了生活』。汽車跑得再快，若沒有方向盤，只能像無頭蒼蠅四處亂撞，不但不能到達目的地，還會有危險。人生也需要有方向，只有方向對了，才能走對路，並到達成功的彼岸。

荷馬史詩《奧德賽》中有一句至理名言：『沒有比漫無目的地徘徊更令人無法忍受的了。』的確，對於每個人來說，方向都是最重要的。一個人如果沒有明確的奮鬥方向，他的生活就會漫無目的。

同樣的，如果一個人的方向是錯的，那他的生活同樣也會是一團糟。不管是沒有方向還是人生的方向錯誤，這樣的人註定會有一個失敗的人生。當人失敗了、失落了、絕望了都是因爲方向沒有把握準而導致。

著名中國作曲、指揮家譚盾初到美國時，只能在街頭拉小提琴賺錢。期間，他認識了一位黑人琴師，並和他一起在一家銀行的門口拉琴賺錢維持生活。但譚盾知道這樣的生活並不是自己想要的。

過了一段時間，譚盾賺了一些錢，就和黑人琴師道別，進入了音樂學府拜師學藝。在大學裡，譚盾以遠見的眼光，努力學習音樂藝術，並投向更遠大的目標和未來。

十年後，譚盾有一次路過那家銀行，意外發現那位黑人琴師，依然在原來的地方拉琴賺錢，他的表情也一如往昔地落寞和頹廢。

他問譚盾在哪裡拉琴，譚盾說了一家很有名的音樂廳名字，黑人琴師說：

『那家音樂廳的門口也是個好地盤，也很好賺錢』。他不知道譚盾此時已是一位國際知名的音樂家。

人生的路上，要想少走或不走彎路，就必須清楚自己努力的方向。只有在心裡裝上指南針，才能朝著目標勇往直前。比如，知道自己要去買書，就會去書店；知道自己要去看電影，就會去電影院；知道了自己要吃飯，就會找餐館。只有目標明確了，選擇才會明確。

人們在尋找自己想要的生活時，往往選擇表面上看起來好像比較容易的方式去實現而不管方向是不是正確，結果只是白白浪費了精力，換得是徒勞無功的失敗。人生路上，我們必須時時檢視自己前進的方向是否正確，一旦發現自己所做偏離了方向，就應該勇敢地放棄。只有敢於放棄錯的，才能撥正正確的指標。

正確的方向讓人事半功倍，而錯誤的方向會讓人誤入歧途。那麼，在生活中，怎樣做才能找到自己的方向呢？

一、全面瞭解自己

確立人生的方向是建立在對自身清楚的基礎上，而不是空想。這就需要對自己有一個全面的瞭解。認清自己優缺點，認清自己的長處與短處，然後根據自己的實際能力確立目標和方向。

二、及時修正方向

一個人的目標和方向未必是一成不變的。確定了自己的奮鬥方向之後如果發現偏差，要及時修正。只有隨時檢查自己的方向是否有偏差，及時地發現存在的問題，及時地糾正，尋找解決的辦法，才能更準確地走好下一步。

三、方向錯了立即停止

一旦發現自己的方向錯了，請立即停止。如果方向明知已經錯了，即使前進也不會到達目的地，何必再做無用功。與其白白浪費時間和精力，還不如充分利用這些時間去尋找正確的方向去努力，這樣成功的機會才會增加。

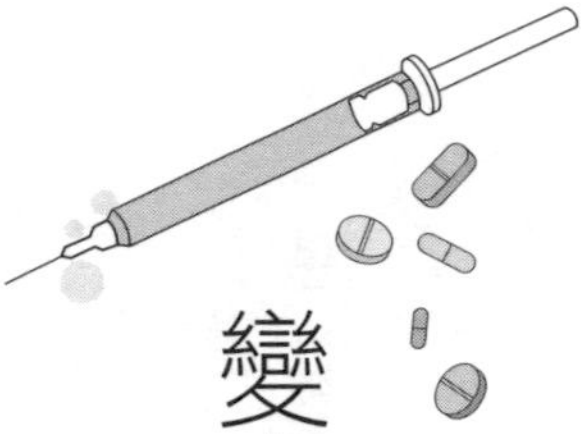

變中求通才能走出困境

生活中也常常有這樣的人，他們固守著原有的觀念，而不想有絲毫的改變，自然在遇到問題時也不懂得找方法，使得工作常常碰壁，問題也往往處理得捉襟見肘，不能使人滿意。在今天變化多端的時代中，因循守舊註定要落後。所以，我們要有求新求變的心態，才能跟得上社會的發展。

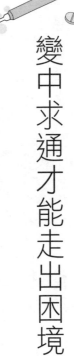

變通是一種智慧，在善於變通的世界裡，不存在困難這樣的字眼。再頑固的荊棘，也會被他們用變通的方法拔地而起。他們相信，凡事必有方法去解決，而且能夠解決得很完善。

《易經》有云：『窮則變，變則通，通則久。』一意孤行，明知不可爲而爲之，費盡辛苦，卻一點效果也沒有，單憑主觀願望而死鑽牛角尖，必然四處碰壁困死在象牙之塔裡，頑固的結局必然是失敗。

有一位熱愛文學的青年，他一直相信自己是個文學創作的天才，從高中時期便迷戀於寫作，對其他的一切學科都以不屑的態度對待，數理化成績總是不及格。但他在文學上卻也始終得不到認可。

這個青年不去思考自己到底是不是適合走這條辛酸又漫長的文學道路。自認為有一天會揚名世界。由於他執著於毫無意義的寫作，沒有收入來源，只得過著食不果腹的生活，但他卻依然執迷不悟。

變色龍改變了自己的體色，才避免了敵人的補捉；蛹蛻掉自己的外殼，才能在天空中自由飛翔。同樣的，生活中每個人應懂得變通。變則通，通則久。變通代表的是另一種思維方式，另一種處世方法。

變通是成功的關鍵因素，不變不通，變通才能贏。在生活中，有些時候，只是不經意地變通一下，問題通常就會變得豁然開朗，柳暗花明。

美國一位著名的商業人士在總結自己的成功經驗時說：『我的成功就在於善於變通，我能根據不同的困難，採取不同的方法，最終克服困難。』會變通的人能夠在困境中變通地尋找方法，創造機會，將難題轉化爲有利的條件，創造更多可以脫穎而出的資源。『變』是事物的本質，對於困境來說，『變通』就是解決問題的關鍵因素。

爲了在困境中作出明智的決策，爲了在生活中過得順心，就要懂得應變的學問才能讓自己有更大的發展。因此，當我們面臨人生的困境時，不妨換種思維，換種角度來對待，走出困境。

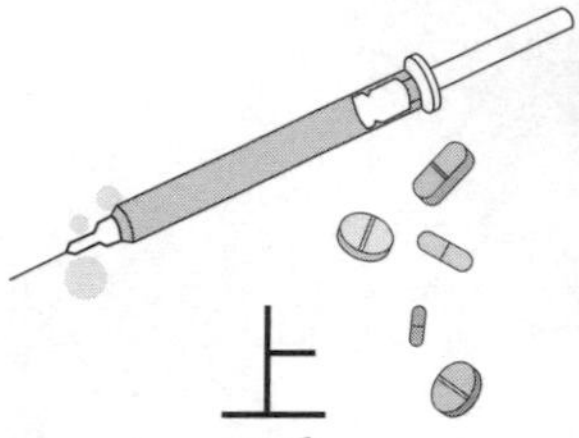

上千次的錯誤積澱功成

有太多的人喜歡抓住自己的錯誤不放。沒能抓住發展的機遇，就一直怨恨自己不具慧眼；因爲粗心而算錯了資料，就一直抱怨自己沒長大腦；做錯了事情傷害到了別人，會爲沒有及時的道歉而自責很久……如果我們糾纏住錯誤不放，一蹶不振，自暴自棄，這種做法就是愚人之舉了。

在實現自己的人生價值的過程中，每個人都想一帆風順，都想讓自己所做的每一件事都永遠正確，誰都不想錯誤百出。畢竟出了錯，對誰來說都可能造成負面的影響。於是越來越多的人恐懼錯誤，事實上，錯誤遠沒有我們想像的可怕。相反的，『成功』是由無數個『錯誤』堆積而成的。

有個男子，眼看著就要到了適婚的年齡，但他心裡不著急，因為他理想中的妻子是一個有著高挑身材，臉龐漂亮的女孩。

幸運的是，他第一次相親遇到了自己理想中的那個白雪公主。但在見了一面後，對方卻拒絕了他。

接著，他又見了幾個外形漂亮的女孩，但他卻發現並不是每個外形漂亮的女孩都有優雅的舉止。她們甚至會暴粗口，這是男孩所不能接受的。於是，他又開始期待遇到舉止優雅的女孩。不久，男子發現外表體面的人未必有一顆美麗的心靈……

經過多次的相親失敗，男子終於明白，最好未必適合自己的，適合自己的才是最好的。

多次的失敗才能鋪就成功之路。很多人因害怕犯錯誤卻失去一個又一個的機會，比如女孩怕選錯戀人受傷害，進而不敢戀愛，以至於讓自己步入『剩女』的行列；有的男人怕工作失誤影響前程，不敢主動挑戰困難，因而失去功成的機會……其實，我們可以把錯誤當做墊腳石，從中汲取經驗教訓，再一步步走向成功。美國著名哲學家威廉・王海說：『能夠接受發生的事實，就是能克服隨之而來的任何不幸的第一步。』

人都會犯錯，而且將來還會繼續犯。錯誤並不可怕，可怕的是不知道自己錯在哪裡。卡耐基曾說：『唯一可使過去錯誤有價值的方法，是很平靜地分析我們過去的錯誤，而由錯誤中得到教訓。』面對已經發生的錯誤，要把已經發生的一切都看成是正常的，要勇敢地承認失敗，接受現實，並總結經驗教訓，避免再犯類似錯誤，讓過去的錯誤成為成功路上的積澱。

Chapter. 04

按下自我傷害的暫停鍵

We all need help

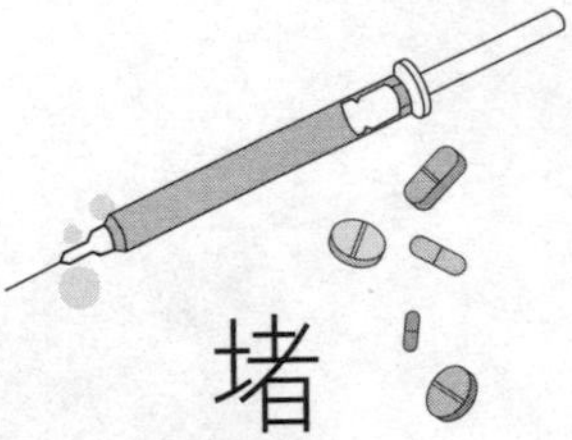

堵死路的往往是我們自己

每天走在上班的路上，最擔心就是塞車了。探討原因，無非以下幾點：車太多，路太小，不守交通規則，管理不好。其中人們不遵守交通規則是塞車最主要的原因。明知違反規則卻還只顧向前衝，完全不管前後左右的車輛，結果往往是堵住了別人的路，也堵死了自己的路。

人生也是如此。很多人遇到困難就先堵死自己的路，對自己絕望，感覺沒有任何希望而言。任何情況下，只靠外力是很難將一個人擊垮的，打垮自己的最終是自己，外力只能透過內力起作用。只要不絕望，即使身處絕境也有取勝的可能。

有一個人途經荒野，半路上碰到了一隻老虎，他被老虎窮追不捨。

他跑到一處懸崖之上，雙手拉住一根野藤，全身在半空中懸盪。他抬頭仰望，老虎向他怒吼；向下望去，是深不見底的懸崖。但他並沒有驚慌，而是環顧四周，尋找可以脫離險境的地方。

突然，他發現離自己不遠處有株草莓，一顆顆鮮豔而又飽滿的草莓在風中擺動。於是他一手牽藤，以另一手去採草莓。他將它送入口中品嘗了一下，味道好甜！就這樣，他認真地品嘗著酸甜的草莓。完全忘記了自己身處半空中懸盪。

當他把這株草莓上的果實都吃完了，抬頭向上一看，那隻兇殘的老虎已經離開了。於是，他攀著野藤慢慢爬了上去。

我們不管被生活的浪濤沖到什麼位置，都不應看成是自己的終點，而應看做是一個起點，只要心中不絕望，就會有希望。先不要氣急敗壞，怨天尤人，可以把眼前遭遇的困難、挫折甚至不幸看做是成功道路上『天降大任』之前的考驗。

其實，就算真的沒希望了，失敗了，也不妨冷靜下來，清點一下失敗的戰場，然後再理理思緒，默默地期待下去。轉機將會在另一個地方出現，只要自己不絕望，一切都還有希望。

哈佛大學克拉克教授曾經說過：『當人的生命中充滿了希望，當人生已經被陽光鋪灑，生命之旅就會變成光明的路徑，再也沒有什麼能讓你自己感到害怕的了。』人生總有失敗和失意的時候，因為一時的失意就把自己逼上絕路，那麼，就再也沒有成功的機會。

在日常的生活中，如果遇到失意或悲傷的事情時，一樣要學會調整自己的心態。努力讓自己走出陰影，沐浴在明媚的陽光中。不管過去的一切多麼痛苦，多麼頑固，把它們拋到九霄雲外。不要讓擔憂、恐懼、焦慮和遺憾消耗你的精力。即使再難，也不要對生命絕望，沒有人會把你逼上絕路，堵死路的其實只有你自己。

失戀了就不能再失意

失戀是情感表現中一個普遍現象。失戀引起的主要情緒反應是痛苦與煩惱，大多數人能正確對待和處理這種戀愛受挫現象，愉快地走向新生活。

然而也有一些人不能及時排除這種強烈情緒，導致心理失衡，性格反常。有的人表現爲目光呆滯，委靡不振，對萬事都不感興趣；有人心中滿懷悲恨，見人就抱怨『我失戀了，好慘』，透過一些消極的語言誇大自己的不良情緒；有的人甚至放縱自己，抽菸喝酒，讓自己特別狼狽……似乎只有這樣，才能顯得對這份感情的依依不捨，以換取對方回頭。

有兩個好朋友同時遭遇了情感危機，在那一段灰暗的日子。一個女孩的男朋友提出分手，於是，失戀的這個女孩心灰意冷，日子好像到了盡頭。整日無精打采，工作也做不好，被老闆罵了好幾次，生活過得一塌糊塗。

另一個女孩也跟男朋友分手了。但是她很淡定，不曾對誰說起過和男友分手的事情，在那段灰暗的日子裡，她把自己的生活安排的滿滿的，把自己最喜歡的小提琴找出來，每天下班後和一些朋友去拉小提琴，工作和生活照舊。後來遇到了一個喜歡拉小提琴的男孩，兩人幸福地在一起了。

有的人失戀時，往往會衝動做出一些傻事，這樣不僅傷害了自己，也只會讓對方瞧不起。既然已經失戀了，就不能再失意。失戀又失意，對已經結束的感情於事無補，只能讓自己的生活更加糟糕。

雖然柔弱無助的女人總是會引起別人的同情及保護欲望，但凡事都應有個限度。反覆重覆自己的不幸，這樣做，不像一個青春女孩應有的柔韌，反而如同一個自怨自艾的老婦。或者不停訴說自己的不幸遭遇，得到的只是看客悲劇心理的滿足和飯後的閒談，以及別人對妳的厭煩。

在身邊常常會看到這樣一種場景：一個小朋友正在學走路時，總是跌跌撞撞一次又一次的跌倒。一般情況，孩子身邊沒有大人的話，通常會自己再站起來，然後繼續走。如果孩子一跌倒，父母就匆忙趕來將他抱起，焦慮地檢查他身上的傷口，這時孩子反而往往會竭力痛哭。因爲父母的悉心呵護讓孩子覺得更加委屈，不自覺地軟弱，用哭聲向父母撒嬌。

遭遇失戀不要把自己的苦水吐盡，向別人撒嬌，讓自己的失意不斷擴散。失意比失戀更嚴重。失戀是一段愛情遭到否定，失意卻是否定生命和現狀，失去對生活和生命的熱情。

失戀是人生在人格成長中的必修課。因爲失戀不僅可迫使人昇華自我的情感，也可磨練自我意志。要堅強面對失戀，不失意，不絕望，相信真愛，迅速振作，投入工作和生活中。

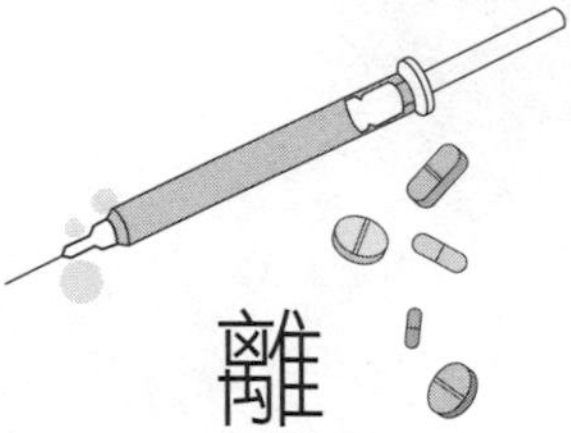

離婚不是人生的絕路

離婚是每一位走進婚姻殿堂的人都不願意看到的結局。

離婚看似簡單，但很多離婚的人，其心情是沮喪，情緒低沉、傷感的。有的人會表現出憤恨、不滿、自卑、看破紅塵等各式各樣的消極心理，嚴重者對婚姻產生恐懼心理，失去理智，喪失自我，對生活失去信心。

在傳統觀念比較深的背景下，離異人士通常較會遭遇非議，讓他們感到孤獨、無奈和憤憤不平。很多離婚女性被周圍交頭接耳、背後指指點點的聲音弄得精力憔悴。這種挫敗感對心理健康造成的傷害更嚴重。

事實上，離婚不一定是件壞事，如果兩個人之間已經無法溝通，在一起將是一種折磨。面對無法挽回的婚姻，人們更應該去尋找自己真正的快樂和幸福。

離婚不是人生的絕路，不過是換另一種活法罷了。

美國著名婚姻心理學家、《離婚歲月》的作者曾說：我們並不認爲結婚『好』過離婚，我們同樣也不認爲離婚『好』過結婚。離婚和婚姻只是社會的組成形式。離婚不是人生的絕路，它是生命中一個美好的開始，而不是一個可怕的終結。

有個女人在一段時間內遭遇了資遣、離婚，自己帶著一個生病的孩子，獨自經營一家專賣副食品的小店，風裡來雨裡去。

在別人看來，她是一個可憐而又不幸的女人。她卻覺得自己至少丟掉了一個破碎的婚姻。丈夫見一個愛一個，讓她傷透了心，這樣的男人，怎麼還能要？離婚的人難道就不能自己好好生活？被資遣又如何？從前的公司薪水也很差，根本不夠她和女兒的生活費。

就她本人來說，現在的日子忙碌而充實，並且能和女兒守在一起。相較於離婚前的生活，她覺得現在的每一天都是美好的。她用心地經營著自己的小食品店，因為物美價廉，生意也越做越好了。

不必把分手看成人生的失敗，婚姻失敗不是人生的絕路。當兩個人選擇各奔東西，這時候若能放開心胸，去重新認識自己或者別人，未嘗不是一件好事。失去，不一定不再擁有；得到，也不一定是最好的。該放手時就放手，讓對方自由，也讓自己自由。

當然，離婚對多數人的心理還是會造成一定的負面影響的，最好透過以下方式進行調試。

一、移情方法

短時間內可以將主要精力用於工作和學習中，暫時遺忘眼前的不愉快，使心情趨於好轉。

二、換個環境

如果周圍的人，對自己的離婚事件表示出的『好奇』讓人不舒服，或者現在居住的房子裡有太多傷心回憶，不妨嘗試讓自己遠離這些傷心和是非之地。

三、感情支援

如果心情壓抑，不妨尋求感情支援。親人是離婚人士訴說內心痛苦的最好傾聽者。還有周圍的同事和朋友，也要主動熱情去關心心情不好的離婚者，幫助他們擺脫苦悶的心理環境。

四、心理諮詢

如果透過自我努力始終無法消除離異帶來的傷痛，爲了保持住心理健康狀態，避免產生抑鬱症、焦慮症、失眠症等心理問題，最好儘快向心理醫生求助，進行心理治療。

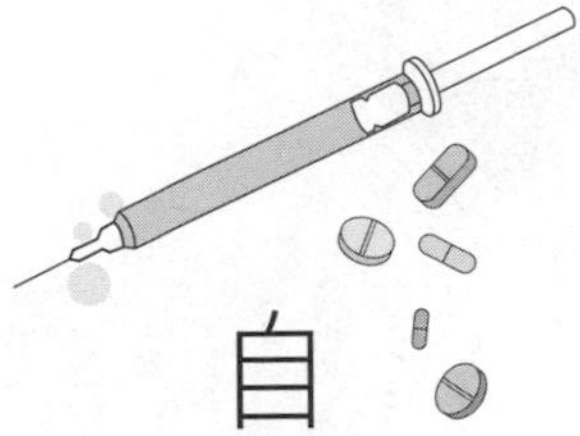

自傷是苦上加苦的行為

現實中，我們的確會經常聽到或看到，某人因遭受了失敗或突如其來的災難，因自認無法承受如此沉重的打擊而做出自傷或自殘的愚蠢行爲。

如果糟糕的事情已經發生，爲何還要讓自己承受更大的痛苦？自傷是一種有意傷害自己身心的行爲，目的只是損害自己的身體或者沉浸在痛苦中不願走出來。常見的精神自傷多表現爲抑鬱、焦慮症患者，用不好的記憶或痛苦來折磨自己；身體自傷者多用刀或利器切割，或是吞食異物，服過量藥品等。據一項研究自傷行爲的調查報告指出，全球各地每年約有一百萬人自殺。這個數字令人震驚。

心理學家認爲，自傷不過是自我加劇痛苦的一種無益行爲。自傷之人不僅是不愛護自己，也傷害了關心自己的人。更是將社會責任與義務棄之不顧，既浪費了社會資源，否定了個人存在的價值，又將難以排解的痛苦留給了父母及親朋好友，這種行爲實在不明智。

人之所以選擇自傷，大多都是覺得現實生活中的痛苦無法排解，但誰知道死後不苦呢？正如星雲大師所說：『如果死後無知，何必以自殺來了絕生死？自殺後如果有知，回首往事，難道就不苦了嗎？』

自傷不僅會給身心帶來痛苦，還會令身邊的人痛苦不堪，這實在是極不明智的『苦上加苦』行爲。一些自殺未遂的人往往不會再自殺，是因爲他們親身體驗了自殺的痛苦，真切地觸摸到了死亡的恐懼。『既然連死都不怕，爲何沒有活下去的勇氣呢？』

星雲大師說：『法律上對於自傷雖不加以判決，但是在佛教認爲自傷不僅是愚癡的行爲，並且是罪惡的行徑，因爲個體的生命是社會眾緣所成就，個人沒有權利加以毀滅，若用暴力強制截斷自他的生命，都是違反佛教的不殺生戒，自己仍須背負行爲的苦果。』

世界上最愚蠢的行爲就是傷害自己。其實，許多時候我們不是到了一點希望都沒有的地步，而是自己先把自己打敗。

如果你一時有了自傷的想法，不妨想想著自己的身上責任。何不勇敢面對用智慧來解決問題？切不可用自傷的錯誤行爲來逃避現實。

不愛自己身體的人很可怕

健康是正常生活的根本，所以我們需要盡一切力量照顧好自己的身體。可是現實中，很多人卻意識不到這一點，當遭遇挫折時，別說是愛身體，他們連自己的生命都不愛；還有一些人動不動就自毀，傷自己手腕和胳膊，把自己一步步推向絕路。

現實中，自我傷害的現象並不罕見。有些人很小的時候就開始自傷了，最常見的就是用刀子割自己的手腕和胳膊，有的女孩因爲手腕和胳膊上的傷痕太多了，還不敢在夏天穿短袖的衣服。這些傷害身體的行爲讓人感覺恐怖。

『一個連自己身體都不愛的人，是很可怕的』。身體是我們最好的朋友，任何時候都不要自我傷害，只要有健全的身體，健康的身體，即便是再大的困難，我們都有『本錢』去應對。

我們都有義務好好愛自己的身體。身體髮膚，受之父母，我們又有什麼權利迫害自己的身體？迫害自己的身體不僅是對自己的不負責，更是對家人的不負責。愛惜身體也是熱愛生活的表現。試想，一個連自己身體都不愛的人怎麼可能去愛生活？怎麼可能心存美好地和他人相處？

生活中，要做到好好愛自己的身體，就要拒絕不合理的方式侵擾身體，保持健康的生活方式，並且在心靈上及時排除的毒素。

一、拒絕不良嗜好

現代都市的生活壓力，常常使人們迫切需要找到一個契機發洩。有的人爲圖一時之快，把喝酒、抽菸、熬夜等不良嗜好當做釋放壓力的方式，雖然這些可以暫時讓你忘記了鬱悶，但最後傷害的只是自己的身體。

常常飲酒的人，身體每況愈下，進而影響到了免疫系統，使身體出現很多可怕的疾病。你會發現自己反而比以前感覺更差，甚至增加許多內疚。

二、健康飲食不過量飲食

人們常說：『病從口入』。不要因爲一己之樂而不顧身體的傷害。有的人因爲貪圖早上多睡幾分鐘而寧願不吃早餐。時間一久，身體會發出抗議。要學習健康飲食的有關知識，關注自己飲食、瞭解飲食對身體的影響。

過量飲食也是一種不自愛身體的表現。有的人心情不好時，習慣用食物來懲罰自己，這樣不僅會製造肥胖，也會讓身心造成負擔。

三、**定期體檢身體**

定期進行身體檢查是很有必要的，身體檢查不僅是自我保健的重要方式，也是一種很科學的養生之道。定期進行身體檢查不僅可以發現已經不健康的隱患，還可以及時的在早期去掉一些對健康的危險因素。

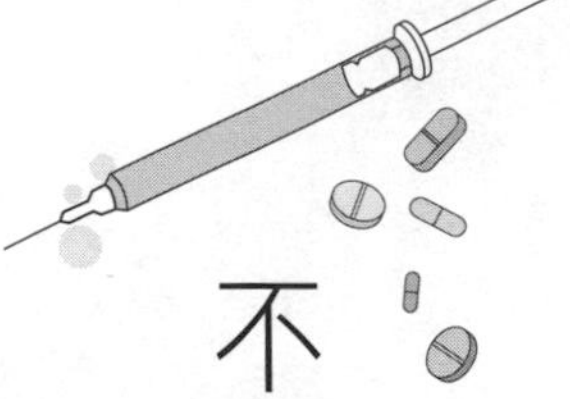

不要再對自己自我否定

生活中，很多人會不知不覺地說自己的壞話，比如『我太胖了』、『我的業績總是上不去』、『我家的條件總是這樣寒酸』、『我總是比不上別人』等等諸如此類否定自己的語言。有的人會當眾說，取笑自己、損毀自己，也有的人當眾不說，只是在心底暗自抱怨自己。

心理學家認爲，自我否定的內涵是對自己不足的承認。適度地自我否定能激勵自己的動力，但如果過於否定自我，那就是缺少自信的表現，進而容易造成自卑的心理，嚴重時會導致一蹶不振。

每個人都有自己的獨特個性，永遠不要否定自己。否則，註定是失敗者，因爲你已經輸給了自己。要相信你是造物主所創造的一個最特別的個體，世上沒有人和你相同，只要把你放到合適的地方，就會創造屬於你的價值。

有一位小男孩，儘管他從小聲音就微弱，並且還有嚴重的口吃。但他非常希望自己能成為一名著名的演講家。周圍的人得知他這個想法，都取笑他是『異想天開』。

然而，他全然不顧別人對他的議論與看法，為了使聲音變得洪亮有力，他站在海邊，大聲喊叫；為了增加肺活量，他跑步登山；為了使舌頭靈活，他口含小石子練習朗讀；為了實現自己的理想，他在鏡子前，反覆練習演講時的動作和姿勢……後來，在一次演講大賽上，他成功了。

長大後，他成為了著名的演講家。

如果總是一味否定自己，只會讓你感到越來越沮喪、頹廢，進而堅信自己『真的不行，什麼也做不成』，這種心態，會使你距離成功越來越遠。

如今，越來越多的人對自己的能力表示懷疑，擔心自己無法在激烈競爭找到屬於自己的容身之地。這種擔憂本來是可以理解的，但有人卻因此而放棄去找一個好的工作。

其實，這就是逃避現實的懦弱行爲。要知道，一個人的潛能是巨大的，這種潛能在遇到坎坷時，可能會被發揮到極致，只要自己有足夠的信心，勝利就會屬於自己。

人生最大的失敗是被自己打敗，如果你自己不承認失敗、不否定自己，那就永遠沒有失敗。所以，請記住，永遠也不要否定自己，因爲，你才是自己命運的主宰，你有你自己特有的優勢。

人生最大的損失，除了喪失人格之外，就是失去自信心了。當一個人沒有自信心時，做任何事情都不會成功，就像沒有脊椎骨的人是永遠站不起來的一樣。要切記：每個人身上都有閃光點，千萬不要輕易否定自己的價值。

Chapter 04

放開緊握劣勢的雙手

我們總能聽到身邊有人發出這樣或那樣的抱怨，例如『如果我再漂亮一點，一定可以找到滿意的對象』，『如果不是自己學歷低，那份體面的工作一定是我的』，『如果我有錢，生活就不會如此拮据』……這些人總是關注自己劣勢，但就是看不到自己身上的優勢。

現實中，很多人總是喜歡抓著自己的缺點不放，往往因爲自己的某一個缺點就把全盤否定自己，甚至一味地強調自己的缺點。他們習慣性地輕視自己，認爲自己這也不行、那也不行，什麼才都比不上別人。久而久之，這種情緒就占據了心頭。可是他們不明白，這種情緒一旦占據心頭，結果就是對什麼都提不起興趣。

事實上，我們並沒有自己所想像的那麼差，你雖然沒有別人英俊瀟灑，但你身強體壯；你雖然不會琴棋書畫，但你思維敏捷，邏輯清晰……上帝不會給人全部，但祂絕對不會虧待你，所以你一定要學會忽略自己的不足，發現優勢、做自己的伯樂，發掘自己的潛能。

美國奧美廣告公司創始人大衛・奧格威天生哮喘，身體不好；患有恐懼症，害怕與人交往；少有耐心，連父親都不願帶他去釣魚。這些都是他無法與別人相抗衡的劣勢。由於他身上的這些不足，所以牛津大學也沒有讀到畢業。

不過，他並沒有緊握自己的劣勢不放，而是發揮了自己的興趣。他小時候對生意很感興趣，總是喜歡問父親的朋友有多少財產，大部分人被他這麼一問都會嚇一跳。

後來，他以敏銳的洞察力創造出一種嶄新的廣告文化，有力地抨擊了傳統觀念，成為現代廣告業的大師級傳奇人物。

如果主要精力和時間關注於自己的缺點不放，那麼永遠也不可能使自己變得優秀。成功必須『揚長避短』。傳統上我們強調彌補缺點，糾正不足，並以此來定義『進步』。但事實上卻常常忽略了一個重要的事實：一個人的缺點再怎麼改，都不可能達到在這方面有優勢的人所能達到的水準。

如果放下自己缺點，在自己的優勢努力，那麼我們將可能在其他人很難做到的領域中做出大的成就來。因此，當我們無法實現自己的目標時，要學會分析一下這些欠缺是否因爲『與生俱來』或『個性使然』

在生活道路上，不要一味埋怨自己的不幸，要學會關注自己的優勢，勇於駕馭自己的命運。只有這樣，才能比較輕鬆地調控自己的情感，克服困難，超越挫折，在自己擅長的方面做出非凡的成就。

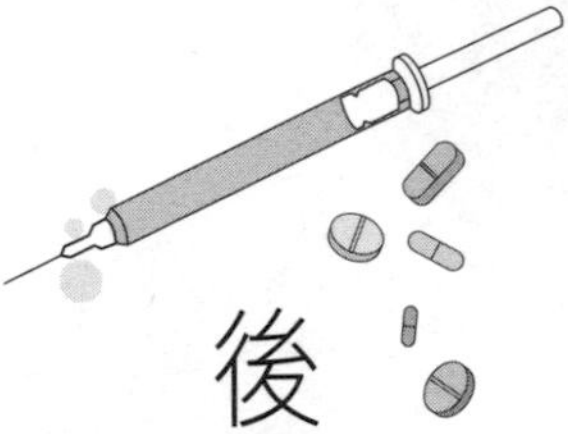

後悔只會消弭未來的美好

生活中，令人後悔的事情經常出現。有的人總是糾結於後悔中掙扎不出來，『如果我考進了大學……』、『如果我當年不放棄他……』、『如果我當年換了其他的工作……』這些話語是我們最經常聽到的話語。不過，後悔只會消弭未來的美好。

生活不可能重覆過去的歲月，光陰如箭，來不及後悔。從過去的錯誤中吸取教訓，在以後的生活中不要重蹈覆轍，這才是成長！要知道『往者不可諫，來者猶可追』。後悔並不能挽回既定的現實，反而帶給人們造成精神上無謂的消耗和折磨。

很多人都有這樣的體會，影響我們幸福的，並不是物質的貧乏和豐裕，而是我們的心境。如果把自己的心浸泡在後悔和遺憾的舊事中，痛苦必然會占據整個心靈。

一位著名的心理學老師，有一天，在給學生上課前，拿出一只十分精美的咖啡杯。當學生們都在為這只杯子的獨特造型而發出嘖嘖的讚美聲時，老師卻失手把杯子摔到地上，咖啡杯瞬間成了一個個碎片。這時，學生中又不斷發出惋惜聲。

只見老師不動聲色地清理了一地碎片後，就完全不顧一臉困惑又遺憾的同學們表情開始上課，認真為同學們傳授知識。因為他知道，為這個破碎杯子悔恨，會錯過傳授學生知識的時間，也會錯過更多和學生交流的時間。

每個人的一生都不可能沒有失誤和遺憾，做了錯事，走了彎路之後，後悔也是很正常的，從某種意義上說，這也是一種自我反省，正因爲有了這種『積極的後悔』，我們才能在以後的人生道路上走得更好、更穩。

如果你總是後悔不已，或羞愧萬分、一蹶不振，或自慚形穢、自暴自棄，那麼你的這種做法就是蠢人之舉了。要知道，人生沒有回程票，世上亦沒有後悔藥。過於懺悔只有讓生活更加遠離美好。

喬治五世在他白金漢宮的牆上掛著下面的這句話：『教我不要爲月亮哭泣，也不要爲過去的事後悔。』叔本華也說過：『能夠順從，就是你在踏上人生旅途中最重要的一件事。』的確，昨日的陽光再美，也無法照耀今天的陰霾。我們不能因爲昨天的失誤而影響今天美好。

人們常說：『覆水難收，往事難追。』錯過了就別後悔，後悔不能改變現實，只會給未來的生活增添陰影。因爲就在你低頭慨歎的時候，可能更多的美好已經不經意地從你的生命中悄然溜走。

因此，當我們得不到自己希望的東西或無法達到目標時，最好不要讓憂慮和悔恨還來影響我們的生活。且讓我們原諒自己，學得豁達一點。

Chapter 04

你的內疚只會成為他人的把柄

生活中，我們經常被迫做一些自己原本並不情願的事情，儘管並不是自己內心的真實意願，但又不得不服從的命令。造成這種狀況的主要原因，是我們對他人心懷愧疚的心理在起作用。

很多人會經常接到一些不必要的邀約，雖然你並不想出席這種無意義的飯局。可是你試圖推掉這個邀請時，失望的主人或許會說：『大家都在等你來，你總不能不顧朋友情誼吧？』此時，如果不去，心裡也許還會自責、內疚，擔心被他人認爲不夠義氣，不給朋友面子等等。爲了避免情感上的內疚，你只好浪費了一個晚上的時間與對方寒暄。

具有內疚傾向的一個最不利情況就是，別的人可以借用這種內疚來操縱你。假如你覺得有義務取悅每一個人，你的家人和朋友就容易強迫你做各種不利於你的事情。

有一個已婚的女人，原本過著快樂而幸福的生活。但自從她的哥哥開始賭博之後，她就成了哥哥一次又一次利用的對象。

哥哥輸了錢時，總是找各式各樣的藉口跟她借錢。她想，這畢竟是自己的哥哥，互愛的兄妹應該彼此幫助。如果連自己的妹妹都不願伸出援助之手，那麼陌生人怎麼可能給予哥哥幫助呢？

但是次數多了，哥哥也認為自己有理由向妹妹求助。只要他想，他就有權利每天晚上到她家裡吃飯，喝酒，使用她的新車。當然，哥哥借去的錢最終總是有去無回。

她雖然不是一個愚蠢、任人欺侮的女人，但是，每次她總是不得不停向哥哥妥協。因為她感覺自己如果拒絕了哥哥的要求，他會生氣，她就可能失去他。那樣的話，她會覺得是自己做了錯事，不顧兄妹情分。

人們之所以會做一些個人意願之外的事情，有很大的部分原因是因為受到了負疚感的左右。這致使他人變本加厲地利用我們的內疚心理，操縱我們的行為，控制我們思想。這時，內疚就被當做一種有效的控制手段加以運用。

過往的錯誤和遺憾也會成為人們心理內疚的來源，他人會趁機要求我們償還，我們也會為求內心的安慰，去迎合別人的無理要求。比如，我們曾經無意傷害過一個人，並對此人心懷愧疚，一旦對方提出請求，我們往往全力地給予支持和幫助，哪怕是一些不理智的行為，甚至會造成不良的後果。

當你的決定開始讓你身陷其中，並十分痛苦的內疚所支配時，你沉迷於取悅別人會變得更具悲劇性。具有諷刺意味的是，讓某人利用內疚來操縱你的結果，不僅對你，對其他人都是具有破壞性的，而且這種情況還相當普遍。

每一個人都有過去，也都有過失。面對過失，如果能吸取教訓並不斷改正，便可以問心無愧。而徒有內疚，卻不知道改正，只能成為別人的笑柄，當下次遇到類似的錯誤，還是會跌倒。

有時候，由於某種情境的原因，我們的頭腦可能會被外在因素所控制而不清醒，不自覺地陷在內疚的泥潭裡無法自拔，這時候既需要有人當頭棒喝，更需要自己果敢地揮刀斬斷與過去的『情思』，拒絕成爲他人的把柄用來操縱自己。

Chapter 04

避開那些無謂的爭執

人與人價值觀的不同，在很多事情上的看法也不可能完全一致。人際交往中，免不了有利益衝突和意見分歧，於是，紛爭就產生了。有些人喜歡爭名奪利，甚至不惜與親人反目，與朋友絕交。事實上，這些都是不必要的，爭來奪去傷害了親朋好友之間的感情不說，爭來的名利並不能帶來內心真正的安寧。

生活中少了面紅耳赤的爭執，會使人更加理性、更有愛心；讓人們互相尊重、友好相處；並且有利於思想的交流、意見的溝通；關係融洽了當然有利於提高工作效率；生活和工作將會充滿溫馨與和諧。

並不是所有的事情都能『越辯越明』。很多事情發生在一個特定的情形下，是道不清、說不明的。如果一定要說清楚，只會產生無休止的爭吵與辯解。

孔子有一位喜歡與人爭論的弟子，平日裡無論大小事都要與人爭出個高低、是非曲直來。

這天，這個弟子前去拜訪孔子，在門口遇見一個孩童，小孩攔住問他一年有幾個季節。當弟子回答四季時，小孩卻說不對，應該是三季。弟子一聽不高興了，明明是四季，怎麼到他這裡就三季了？於是兩人開始爭執起來。

正當兩人爭論不休之時，孔子出來了，然後小孩請求聖人來評理，一年到底有幾季！孔子打量了一下這個孩子，然後告訴他是三季。

小孩聽完高興地走了。

弟子不解，馬上又與孔子爭執起來，孔子語重心長地告訴弟子，真理是不容爭論的，和一個無知的人是爭不出什麼結果的。

請不要輕易和人發生爭執，當有人和你爭論時，不妨讓他贏。輸贏在這裡並沒有實際的意義，你輸了並沒有損失什麼。他贏了，也沒有得到什麼。爭來爭去只是傷了彼此的和氣，還會平添無謂的煩惱。謹慎的沉默就是精明的迴避，智慧的人總是避開那些無謂的紛爭。

即使在爭論中你振振有詞，別人的觀點被你攻擊得千瘡百孔、體無完膚，又能說明什麼呢？證明他的觀點一無是處、你比他優越、比他知識更廣博嗎？錯了，你的所作所為使人家自慚，傷了人家的自尊，讓別人當眾出醜，人家只會怨恨你的勝利。

爭執帶給我們的只會是心理上的煩躁、彼此的怨恨與誤解。就算戰勝了對方，真理也不會因你的爭吵而傾向於你。爭論發生的時候，對方的強詞奪理、唾沫橫飛令你憤恨不已，而在對方眼裡，你又何嘗不是同樣可惡的形象。驟然升溫的情緒激怒了雙方，最終不過是落得兩敗俱傷的境地。

記住，生活中要永遠避免爭吵！

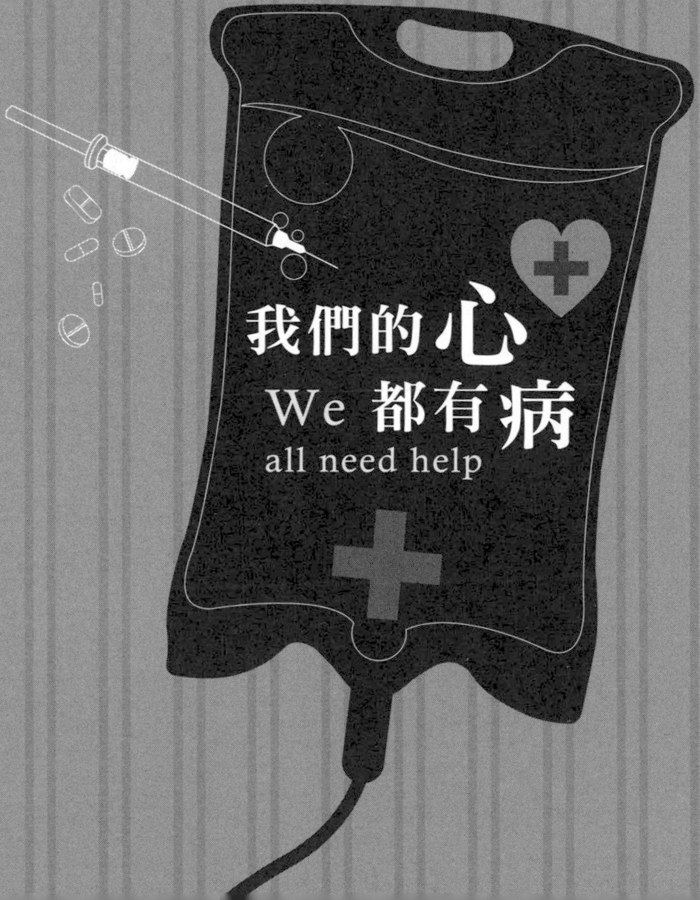
我們的心
We 都有病
all need help

Chapter. 05

扭轉生氣的糟糕局面

We all need help

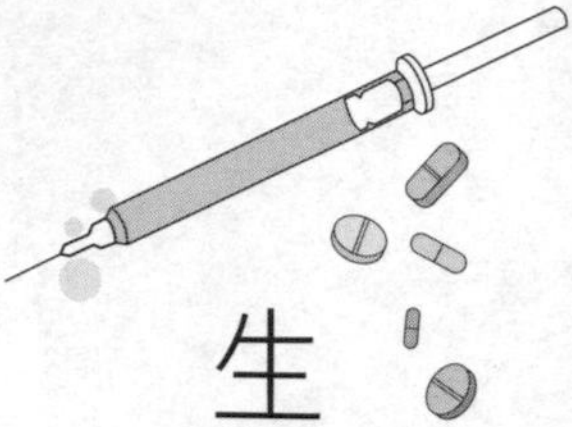

生氣只會讓事情變得更糟

生活中，隨處可見這樣一些現象：在擁擠的公車上，可以聽到乘客之間的謾罵聲；在商場中，可以看到顧客與銷售員發生爭執的場面；在車水馬龍的公路上，我們看多了兩車司機吵架，甚至大打出手；在公司裡，可以發現有人坐在辦公桌前一聲不吭的生悶氣……。

從心理上來說，生氣是一種不愉快的情感，是一種消極甚至是有破壞性的心境。哲學家康得說過：『生氣是拿別人的錯誤來懲罰自己』。

生氣不僅對事情本身沒有任何幫助，反而會因爲積蓄了太多的負面情緒，讓工作和生活變得更加糟糕。明知道如此，現實中的我們還是忍不住因爲各種心理的不平衡而生氣。

生氣危害身心健康

世間萬事，危害健康最甚者，莫過於生氣。若『心不爽，氣不順』，必將破壞機體平衡，導致各部分器官功能紊亂，進而誘發各種疾病和災難。所以《內經》就明確指出：『百病生於氣矣。』

俗話說『氣大傷身』。每一次的生氣都會引發心跳加快，心臟收縮力增強，血壓升高，血液變黏稠。國外有一項對五千名臉上長斑的女性研究顯示，當她們情緒差時，任何藥物對色斑的治療都不明顯，但減少生氣次數，色斑就會消退許多。

生氣是一種不健康的心理情緒。但很少有人能在怒氣沖沖的時候做到心平氣和。當你生氣時，請馬上去喝一杯水。研究發現，水不但能平復情緒，還能幫助機體排出游離脂肪酸。如果想發火，趕緊坐下做深呼吸，坐下能大大減少衝動，深呼吸緩解過激的情緒。

生氣影響正常生活

愛生氣的人並不都是因爲生活中遇到不幸事件、不如意事情才生氣，它多半是人的主觀心理所造成。由於心理素質太差，往往稍遇一點小波折就經受不了，被苦惱、傷心纏住，無法解脫。有些性格內向的人愛生悶氣，遇到不顧心的事常常鬱積於心，不肯向人吐露，陷於焦慮、苦悶之中而不能自拔。

如果帶著這種情緒，工作提不出興趣，學習也沒心情，看到什麼都煩，勢必影響我們的正常生活。心情越差，生活就會越糟糕，而糟糕的生活再次讓負面情緒增加，進而陷入一個惡性循環之中。

生氣影響人際關係

幾乎沒人願意與一個成天悶悶不樂的人進行心靈溝通和交流，愛生氣的人是難於交到朋友的。

如果對家人生氣，勢必影響家庭成員之間的融洽關係，造成家庭氣氛的冷漠，嚴重時傷害到親近的家人。如果你的怒火燃燒在辦公室，不恰當的生氣或亂發脾氣，同事們很可能從此對你避而遠之，如此一來，不僅使自己顯得缺乏能力，還可能得罪冒犯了其他人。

一個滿面怒氣的面孔總不如一個微笑的臉龐對他人更有吸引力，如果你很容易生氣的話，那就說明你可能有一些還難以解決的問題壓在心頭。你需要找出這些問題，然後設法擺脫它們，繼續前進。

儘量做到不生氣、少生氣，性情開朗，心胸開闊，寬厚待人，謙虛處世。這樣不僅有益於身心健康，也利於提高自己的道德修養和思想水準，於人於己都有益。

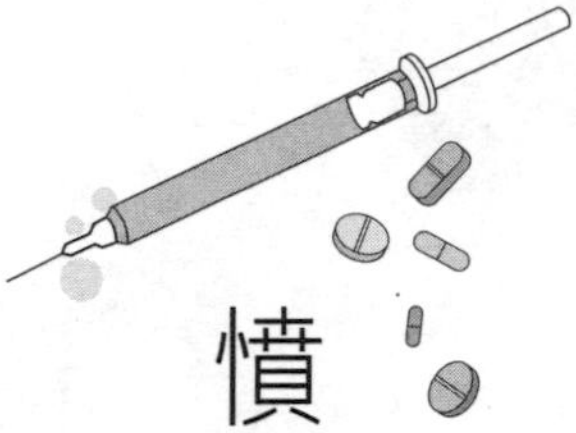

憤怒擾亂了我們的心

在日常生活中，引起憤怒的原因很多，每個人都不可避免地會產生憤怒的情緒體驗。憤怒是一種有害的情緒狀態，常常會給人帶來意想不到的麻煩，如導致朋友關係疏遠、家庭關係緊張，而且長期、持續的憤怒對個體的健康損害也是極大的。

憤怒是指當願望不能實現或爲達到目的的行動受到挫折時引起的一種緊張及不愉快的情緒。憤怒被看做一種原始的情緒，它在動物身上是與求生、爭奪食物和交配等行爲聯繫著的。憤怒是一種情緒狀態，按照強度不同可分爲輕微的憤怒、強烈的憤怒，以及暴怒。

心理學說，容易發怒的人一般都比較自卑，內心對自己有許多不滿，而且總是有意無意地避免克制這些方面的顯露。應該說，這些是他們身上潛藏著的『炸彈』，一遇到外部因素的誘發就爆炸。這種情緒不僅擾亂了我們的心，同時也會殃及無辜。

生活中我們常會因爲一些事情陷入憤怒之中，尤其覺得是對方做得不對也不好，自己沒有什麼錯誤，所以生氣、憤怒。然而憤怒並沒有帶來任何益處。我們憤怒於別人的言行，讓憤怒占據了大部分的心靈空間，心靈負載著重擔，會無法關照自身，更不能得到任何形式的提升，反而在憤怒情緒的支配下容易衝動，引發犯罪或其他後果。

托爾斯泰曾經說過：『憤怒對別人有害，但憤怒時受害最深者乃是本人。』爲了某件不公平的事情或行爲而勃然大怒，從表面看上看來，是因爲自己的利益受到侵害，或者被人攻擊而激發的自尊行爲，其實，用憤怒的情緒困擾心靈，實際上是一種最不明智的自我傷害。而導致我們憤怒的人與事依然故我，他們繼續做著自己的事，享受著愉悅的心情；而我們卻因爲憤怒，無法專注於眼前的工作，不能很好地履行自己的職責；更可惜的是，我們只顧著憤怒，而無暇體驗生命中原本存在的真、善、美。

事實上，別人的一些行為並非真的罪不可赦，折磨我們的是自己的憤怒情緒，而非別人的一些行為。不管面對別人怎樣的行為，要控制自己的憤怒情緒，進而避免讓身心受到傷害。

以下幾種方法，可以幫助你平息憤怒的火焰。

一、深呼吸

深呼吸後，氧氣的補充會讓你的軀體處於一種平衡的狀態，情緒會得到一定程度的控制。雖然你仍然處於興奮狀態，但已有了一定的自控能力，數次深呼吸可使你逐漸平靜下來。

二、理智分析

將要發怒時，心裡快速想一下：對方的目的何在？判斷一下對方是無意中說錯了話還是存心想激怒你？如果是前者，發怒會使你失去一位好朋友；如果是後者，發怒正是對方所希望的，他就是要故意毀壞你的形象，你偏不能讓他得逞！這樣稍加分析，你就能很快控制住自己。

三、**學習忍耐及寬容**

遇事持寬宏大量的態度，可止息心中的怒火，化怒火爲祥和。學會寬容，放棄怨恨和懲罰，你會發現，將憤怒的包袱從雙肩卸下來，感覺會輕鬆很多，心中一片明朗、平靜無波，生活自然會變得無限美好。

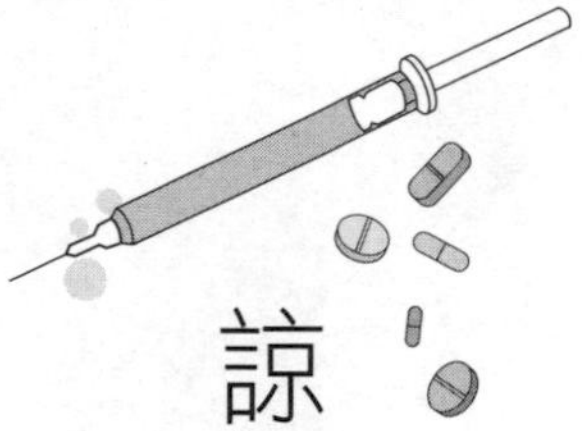

諒解是所有痛苦的止損點

有些人往往因一件小事、一個小問題或一句平常話就擱在心裡解不開心結，斤斤計較，費神費力，讓自己的心理增加負擔，並爲其痛苦不堪。其實，我們犯不著因日常瑣事而賭氣、糾結，而是應該盡力給予諒解。學會諒解他人，我們的內心才更安寧。

縱觀人們的各種痛苦不難發現，多數的痛苦是自己對自己的束縛，如果我們能解開心結，和他人和解，就會發現原來事情並沒有那麼嚴重和糟糕，人生也並不註定是悲觀的色彩。

如果你諒解了他人，他人則不會給你帶來痛苦；如果，你諒解自己，自己也不會因不好的情緒而糾結；如果你用寬容的胸懷看生活的一切，將會發生一切都是美好的。諒解是所有痛苦的止損點，我們只有學會諒解，才能遠離痛苦。

有一次，肖伯納正在街上走著走，被一個冒失鬼騎車撞倒在地上，幸好並無大礙。肇事者急忙扶起他，連聲抱歉。肖伯納告訴他，可惜他的運氣不好，他如果把自己撞死的話，很快就會在四海揚名了。

只一句話，為這個撞到他的幸運冒失鬼詼諧地解了圍。

有時候，諒解就是一劑祛除傷痛的良藥，於人於己都趕走了痛苦，帶來輕鬆和快樂。學會了諒解，你才能真正明白什麼叫『反觀自己難全是，細論人家未盡非』。學會了諒解，也才能真正享受到『處處綠楊堪繫馬，家家有路到長安』的瀟灑。

當然，有時候，諒解並不是口頭上說說就算了，真正的諒解是從內心裡不計較。朋友間的諒解，是一笑泯恩仇的釋然；親人之間的諒解，是親緣的無可割斷；夫妻間的諒解，是吵過嘴後輕輕遞給對方的那杯香茶；同事之間的諒解，是大家同心協力完成工作。

諒解需要溝通

同一件事，相同的事物，在不同的人眼裡完全不同。人們的思想認識常常帶有一定的局限性和片面性，人與人之間難免會產生誤會和衝突。只有溝通才能瞭解彼此的想法，進而消除誤會和隔閡。

因此，當自己與他人產生衝突或誤會時，要主動與對方交談，認真傾聽對方的訴說。並積極地換位思考，設身處地地爲別人著想，站在對方的角度考慮問題，我們就更容易諒解他人。

諒解需要忘卻

忘卻是諒解的良方。真正的諒解是忘卻他人的錯誤和過失，忘卻令自己不快的行爲。忘卻痛苦，不要耿耿於懷，放下憤恨，放下計較，學會理解。克制性的諒解，不是真正的諒解，不過是暫時壓抑心中的憤懣和不滿，是不能祛除痛苦的感覺。

我們提倡諒解，但不是無原則的一味遷就、退讓。對於那些有損民族、國家和集體利益的行爲，還是需要勇敢地站出來，與之作堅決的鬥爭。

諒解需要勇於吃虧。

很多時候，給予諒解需要做出『讓步』，讓步意味要吃虧。有時吃一點眼前虧，雖然當時心裡難受，甚至吞不下那口氣，但只要做出的讓步可以消除痛苦的根源，避免了節外生枝，還是值得的。

當然，諒解不是無原則的遷就和退讓，也不是事無巨細都忍受。更不能把諒解視爲軟弱，縱容那些別有用心和心術不正的人爲所欲爲，這樣只能是對正氣的褻瀆，對壞人的縱容。

強調諒解的同時，被諒解的人也要有自知之明，越是別人表現出大度寬容，我們越要感到羞愧，懂得珍惜，好好地反思自己，修正自我，共同呵護我們的精神家園。

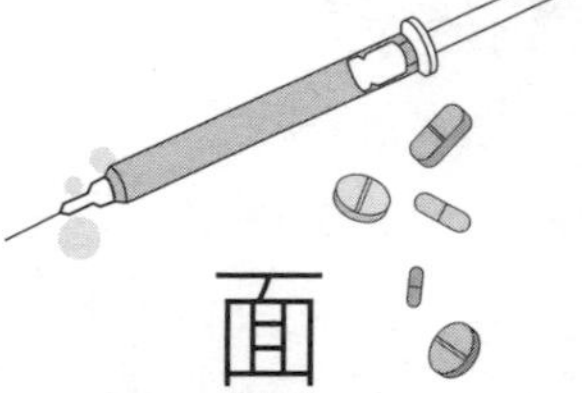

面對嘲笑多點雅量

每個人都難免會遇到來自他人有意或無意的嘲笑。多數的人面對這種情況，往往會生氣，會發怒，甚至做出一些衝動的行爲，來報復或打擊別人對自己的嘲笑。

事實上，面對別人的嘲笑，與其生氣，還不如保持寬廣的胸襟，讓自己有點雅量，這不僅是一種做人智慧，更能讓自己享受不生氣的活法。

有時候，嘲笑者的目的就是希望從被嘲笑者那裡看到窘迫、狼狽、惱怒等，並從對方反應中獲得快感。這時，我們應該對嘲笑或挖苦的語言報之一笑，甚至置之不理。這樣一來，對方無法達到他想要的目的，自然也就不了了之。

不過，如果是熟人或同事開了一些無傷大雅的玩笑，而你完全不理會就不是最佳選擇。因爲如果不給予回應，會容易被人認爲你不解風情，會給人木訥、死板的印象。這時最好的選擇是，他們嘲笑你什麼，你就主動承認什麼，主動自嘲。

美國前總統的福特曾經是一名橄欖球運動員，而且擅長滑雪、打高爾夫球和網球這幾項運動。他在六十二歲進入白宮時，身體依然很好。有一次，福特出國訪問，在下飛機時，因為腳滑跌倒了。儘管他及時爬了起來，並沒有受傷。

事情總是那麼湊巧。福特當天又在被雨淋滑的長梯上滑倒了兩次，險些跌下來。這些隨即被記者們大肆渲染，添油加醋地把消息向全世界報導。甚至有人說，福特總統笨手笨腳，行動不靈敏。

一時間，人們都在討論這件事。甚至有媒體期待看到總統撞傷頭部，扭傷脛骨，或者受點輕傷之類的來吸引讀者。電視節目主持人也公然開著福特總統的玩笑。有一個喜劇演員還模仿總統滑倒和跌跤的動作。

福特的新聞祕書曾經對此提出抗議，但效果並不理想。對此，福特卻一次演講中公開表示：自己是一個活動家，活動家比任何人都容易跌跤。後來，福特還在華盛頓廣播電視記者協會的年會上，表演自己佯裝摔倒的情形。

面對嘲笑，有人說一種好的方法是用努力和實力去說話，用自己的成績和作為改變，贏得敬重。這的確是一種不錯的方法。

其實，對待善意的嘲笑，我們可以一笑而過，沒有必要計較。但是針對待那些惡意的嘲笑，要靈活對待。要弄明白嘲笑者的意圖何在？如果對方是有口無心的人，我們可以適當反駁一下，但是千萬不要激動。如果對方是在蓄意企圖攻擊你，那不妨先想想是不是自己某些地方冒犯了對方，如果是自己冒犯對方在前，就要適當改正自己的行為。

總之，面對嘲笑，不要急。最忌諱的做法就是勃然大怒，亂罵一通，其結果只會讓嘲笑之聲越來越熾。生活是需要睿智的。如果你不夠睿智，那至少可以豁達。以樂觀、豁達、體諒的心態看問題，就會看出事物美好的一面。

面對嘲笑，我們多點雅量，讓自己有風度、有氣概地處理。心理學家指出，嘲笑分爲兩種，一種是善意的嘲笑，一種是惡意的嘲笑。其實，要讓嘲笑自然平息，最好的辦法是一笑置之。

一個滿懷目標的人，不會去考慮別人多餘的想法，而是偉大的心靈多是海底之下的暗流，唯有小丑式的人物，才會像一隻煩人的青蛙一樣，整天聒噪不休！

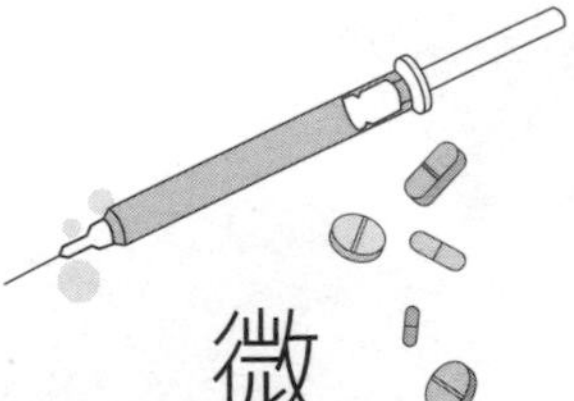

微笑面對有『不是』的父母

父母是我們最親近的人，給予我們生命，撫育我們長大。是唯一不計回報卻全力以赴幫助兒女的人。儘管父母給予了我們世界上最無私的愛，但並不能說明父母的行爲永遠是正確的。

人們常常會說：天下無不是之父母。其實這話是不對的，聖賢都會犯錯，何況身爲普通人的父母呢？父母不是神，他們不是教育家，也會犯錯。就像孩子犯錯的時候希望得到父母的理解，當父母犯錯的時候，也需要孩子的體諒。

也許我們對父母無休止的要求和責罵已經非常厭倦。但是，請無論如何不要去懷疑他們的動機。只要相信父母是爲了自己著想，他們的責罵也好，他們的錯誤也好，就都是可以接受或者原諒的。

中國國學大師錢穆先生說過，與家人相處時，應當兼顧情義，尤其是作爲子女的，應該以不傷害父母爲前提。如果對父母無情，則必陷於大不義的境地。懂得了這些，在面對父母的過錯時也就沒有什麼怨言了。

一天晚飯過後，母親正在像往常一樣收拾家務，上中學的女兒卻拉住母親，問她的心願是什麼？正在忙碌的母親看了女兒一眼，沒有回答。可是女兒卻依舊執拗地要求母親說出自己的願望。

母親看見女兒堅持的樣子，就把對女兒的所有期望一股腦說了出來。可是女兒卻打斷母親的話，認為這是媽媽對女兒的期望，不是媽媽自己的心願。但是，母親似乎沉浸在對未來的種種美好設想之中：希望身體健康；希望工作順心；希望家庭美滿幸福……

女兒依舊不滿意媽媽的回答，要求媽媽說出某個具體的願望。母親好像突然意識到了發什麼似的，以為一定是老師是出了關於心願的作文題目，女兒想從自己這裡找資料。就生氣呵斥女兒：『我想要別墅，我想要小轎車，我想要……，我的皮包壞了，還想要一個真皮的皮包，跟妳說有什麼用？』

看著委屈得滿臉淚水的女兒，母親的無名火又上來了，『妳還覺得很委屈是不是？妳想偷懶是不是？妳故意氣我是不是？』說完就接著忙自己的事情去了。

第二天晚上，女兒照例進房間寫作業，母親還是重覆著每日必做的家務。母親發現平日吃飯的桌子上多了一個包裝袋，袋子上放了一張小紙條，紙條上面寫著：

媽媽：

今天是您的生日，我用平時存的零用錢和過年的壓歲錢給您買了一個真皮的皮包。讓您高興，這是我最大的心願。

想給您一份驚喜，卻不小心惹您生氣的女兒

面對父母的『不是』，我們微笑面對，不要與之針鋒相對，反面相向。當父母在氣頭上的時候，避其鋒芒，適度忍讓，等父母氣消了，再主動溝通和規勸，而且態度要溫和。如果父母不聽勸慰，也不要心懷怨恨，同樣要對他們恭敬行孝。相信在自己的孝心感召和耐心勸說下，父母總會意識到自己的錯誤而加以改進的。

現實中，身為兒女，在行孝道的時候，不僅僅該給予物質上的關懷，也應該從心裡關愛父母。面對父母要有包容之心，這樣才能讓父母感受到真正的關愛。

抱怨和指責是家庭悲劇之源

生活中，每當家中的某個成員做錯了什麼，其他的家庭成員往往會埋怨做錯事情的一方如何，不應該犯如此大的錯誤，進而指責他對家庭的不負責任，卻不管這種埋怨和指責對過錯方有沒有意義。

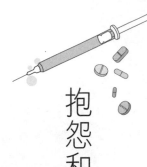

每個人在做錯事情之前都認爲自己當初是做了正確的選擇：過激者認爲自己是迫不得已，懦夫認爲自己非常謹慎，而守財奴則相信自己很節儉……每個人對自己的行爲有著自認爲合理的解釋，即使他完全是錯誤的。事實上，指責和抱怨他人是沒用的，除非他自己想清楚、想明白。

對一個家庭而言，成員間彼此的抱怨、指責是悲劇之源。抱怨和指責最容易毀掉我們的生活，使人情緒低落，心中充滿了陰霾。讓人痛苦而不快樂，甚至可能讓原本美滿的家庭走上瓦解的結局。

列夫・托爾斯泰是歷史上最著名的文學家之一，備受人們愛戴。除了美好的聲譽，托爾斯泰還有豐厚的財產、有地位、善解人意的妻子、可愛的孩子。他們的生活似乎是太美滿了。

不久，人們發現托爾斯泰的世界觀發生了根本性的改變，他否定貴族生活，並且從自己的生活方式開始改變。他把所有的田地給了別人，自己過著貧苦的生活。他去田間工作、砍木、堆草，自己做鞋、掃屋，用木碗盛飯，而且嘗試儘量去愛他的仇敵。

但他的妻子卻渴望著顯赫、名譽和社會上的讚美，她希望有金錢和財產。可是托爾斯泰對這些卻不屑一顧，也認為財富和私產是一種罪惡。他堅持放棄他所有作品的出版權，不收任何稿費、版稅。可是，他的妻子卻希望得到那方面帶來的財富。好多年裡，她抱怨和指責他的不負責任，甚至吵鬧、謾罵、哭叫，用自殺來威脅他。

後來，托爾斯泰再也無法忍受曾經美滿的婚姻變成這個樣子。於是，八十二歲的托爾斯泰在一個大雪紛飛的夜晚離家出走，逃離他的妻子。

十一天後，托爾斯泰患肺炎，倒在一個車站裡。他臨死前的請求是不允許他的妻子來看他。

每個人都希望自己的婚姻美滿，幸福。可是大多數人卻不知道抱怨和指責是婚姻的殺手。當丈夫或妻子沒能按照自己的願望去做時，往往會埋怨不斷。儘管最後丈夫或妻子不得不按照你的要求那樣做了，但因爲那不是出自他人的真實意願，因此做妻子或丈夫的一點也不開心。

時間一長，不快樂的情緒壓抑到一定的程度，只會對另一方產生厭惡心理；進而拒絕再按照你的要求那樣做，這樣一來，你又開始繼續抱怨指責，就這樣讓婚姻永遠陷入了抱怨他（她）堅決不改變——你（妳）繼續抱怨的惡性循環中。

其實，這樣的抱怨沒有什麼意義。卡耐基所說：『一百次中有九十九次，沒有人會責怪自己任何事，不論他錯得多麼離譜。我們用批評和指責的方式，並不能使別人產生永久的改變，反而會引起憤恨。』

仔細想想，你的生活並不是很糟糕，只是你的欲望太多、期望太多，所以常常抱怨。生活是自己的，我們面對的人是將要牽著自己的手走一輩子的人，對他（她）何不多一些寬容和諒解？所以，不要責怪別人，要試著瞭解他們，試著明白他們爲什麼會那麼做，這比批評更有益處，也更有意義得多。

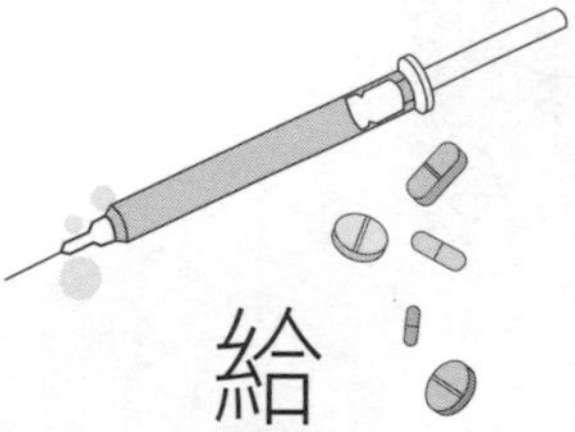

給愛一個容器婚姻才安全

人與人之間總有差異，兩個性格不同的人生活在一起，也難免會產生分歧和爭執。夫妻之間最重要的相處之道就在於要給愛一個寬容的容器。

適當的遷就，合理的謙讓並不會讓你沒面子，失了自尊。誰能保證自己從不犯錯，誰又會沒有疏忽的時候？夫妻雙方在發生衝突時要相互寬容忍讓，多從對方的角度考慮問題，多溝通，相互關照，如此才能和睦相處。

她和他結婚十年了，他常年在邊疆駐防，她則在後方辛苦持家，儘管相隔遙遠，他們卻一直是互敬互愛的模範夫妻。可是最近一段時間，這對甜蜜的夫妻卻鬧了很大的衝突，相互指責和抱怨。

原來在先生回家探親期間，有個已經轉業的戰友從外地專程來訪，當時因為他們在家多喝了點酒，老婆就滿臉不高興，還當著朋友的面，摔盆砸碗。先生小聲提醒她，她反而批評他和戰友沒教養……鬧到最後，大家不歡而散。

她開始抱怨他不懂她的辛苦。這些年來，她獨自一人在家，既要侍奉公婆，又要教育孩子。他回家探親時，她還為他做他最喜歡吃的菜，家務事也盡量不讓他做，只想讓丈夫得到最多的休息和快樂……

先生也指責她不通情達理，還讓他在朋友面前丟了面子。他曾經以為她是心目中最完美的女人，能把家裡的一切都照顧得很妥當，從來不抱怨一個人辛苦。原來跟潑婦沒兩樣……

在家庭生活中，不光要看到對方優點和缺點，更要學會包容對方的缺點，而包容缺點則需要我們有一顆寬容的心。婚姻中的許多風浪，並不是起於什麼原則性的大事情，通常都是雞毛蒜皮的小事引起的不快。特別是丈夫或妻子身上有這樣或那樣的缺點，在要求完美的對方眼裡，是半點也容不下的。

人們常說：『家是講情的樂園，不是講理的法庭。』在婚姻中，只有用愛營造幸福，用情化解衝突，面對親人的誤解和愛人的傷害，仍要艱難地選擇寬容處之。

寬容你的愛人，只要彼此的感情沒有偏離原則的軌道。當我們以一顆寬容的心去面對婚姻，才會使自己擁有一個平靜從容的生活，才能使自己活得更輕鬆、更灑脫。

當初你接納對方爲你的另一半時，就意味著接納了她(他)的全部，包括優點和缺點。因此，你接受了婚姻，也必然是接納了對方的缺點。在現實生活中，做到以下『兩點』非常必要：

一、讚美對方的優點

只要用心，你會隨時發現對方身上的亮點，然後加以表揚和肯定。讚美的方式既可以是『甜言蜜語』，也可以是擁抱、接吻之類的身體語言。如果感歎自己的婚姻如同一潭死水，不妨輕輕把讚美之語投進去，定會激起一陣陣美麗的漣漪，進而改善婚姻的『色彩』。

二、忽略對方的缺點

接納對方的缺點，包容對方的錯誤，是婚姻幸福的不二法門。如果能做到忽略對方的缺點，就可以避免婚姻裡一些不愉快的事情發生。

柴米夫妻，食的是人間煙火，誰也不可能完美無缺，只要不是原則性的大問題就不要求全責備。對方無意間帶給你的小小傷害或不悅，打個哈哈帶過去就好了。

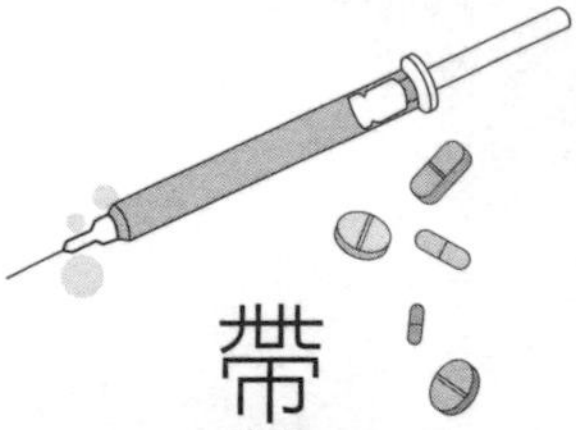

帶著怨氣不如帶著快樂工作

身在職場中，幾乎在每一個公司都可以看到愛發牢騷的人。大小事情都能成爲抱怨的藉口，他們眼中處處都能看到『毛病』，因而老是能看到或聽到他們的批評或生氣。這種不停抱怨的『牢騷族』，他們的抱怨只會妨礙和干擾自己的陣腳。工作時如果帶著怨氣和怨恨工作，那麼工作就永遠做不好。不斷抱怨的人，不會積極地向前尋求解決的方法，也會離成功越來越遠。

在職場中帶著怨氣工作已成爲一種普遍的現象，我們也能聽到各式各樣的抱怨。抱怨者總把失敗的原因歸究到公司和老闆身上，也往往只會抱怨自己的機會少，懷才不遇，甚至是命運不公，卻從不在自己的身上找原因。

職場中，沒有人會喜歡抱怨者。習慣抱怨的人，只會讓自己被孤立。一味地怨天尤人，牢騷滿腹，只會讓人討厭。成功者之所以能夠取得成就，主要原因就在於他們從不帶著怨氣工作，還能以工作為樂。

一九四三年，詹森創辦了《黑人文摘》，他想為擴大發行量而做一些宣傳，後來，他思慮再三，想到一個主意。如果能請羅斯福總統夫人來寫一篇文章，將會有著非常好的效果。於是，詹森便很誠懇地寫了一封信給她。但是羅斯福夫人回信說她太忙，沒有時間寫。

詹森想：她並沒有說不願意寫。一個月之後，他又寫了一封信給總統夫人請她幫忙，她回信說還是太忙。此後，每隔一個月他就寫信給羅斯福夫人。可是夫人也總是回說連一分鐘空閒的時間也沒有。

詹森沒有抱怨，而且始終相信：只要她不拒絕，事情就還有一線希望，總有一天她會有時間的。

最終，羅斯福夫人被詹森的鍥而不捨所打動，並很認真地為《黑人文摘》寫下那篇索求已久的文章。讓人驚歎的是《黑人文摘》的發行量在一個月之內快五萬份猛增到十五萬份，這件事成了詹森事業上的一個轉捩點。

事實上，面對一項工作是牢騷滿腹還是滿心歡喜，完全取決於一個人自己。卡耐基所說：『如果一個人不能在他的工作中找出點《羅曼蒂克》來，這不能怪罪於工作本身，而只能歸咎於做這項工作的人。』工作中遇到了難題，一味的埋怨和厭煩無法找到解決方法，而快樂的工作通常可以更好的提高工作效率。因此，盡情地享受工作還是以工作為苦役，這一切都要看你自己的選擇。

決定將來的工作是快樂還是折磨，多半取決於你對工作的態度，而不在於工作本身。如果你能將事業的第一個基石安放在有價值的生活根基上，就可以使工作成為一種享受。

對於工作，應當抱持積極樂觀的態度，這樣，才可以做得更好。只有比別人做得更好，才能脫穎而出。如果你能盡最大的努力去工作，不錯過每一個機會，這樣堅持不懈地努力下去，勝利總會在某個地方擁抱你的。

Chapter 05

所有疾病都是不寬恕造成的

生活中，有人因失了工作而怨恨老闆無情；有人機遇不順而埋怨命運不公；有人因被他人拋棄而自責自己不夠優秀……。殊不知，當這些不好的的心情、情緒或是心靈狀況都會轉化成身體症狀。很多人的疾病不全然都是身體上的，而是心靈的。

疾病是心靈的語言，心靈的壓力是致病的元兇這已成爲世界公認的事實。可以說，所有疾病都是不寬容的狀態導致。當人們的心中裝滿了不快樂的事情，結果導致心理上的抑鬱、緊張之感，進而使精神上的疾病轉化爲心靈上的疾病。而寬恕則是化解疾病的有力武器。

從某種程度來說：寬恕是上天賜給我們的永恆禮物，如果可以用寬恕化解心中的怨恨，消除生活中的負面情緒，並能將它運用到生活每一件事情中，它將會爲黑暗靈魂帶來光明、帶來身心健康。

有一對夫妻，妻子在一個效益不好的工廠工作。丈夫則是在一個行政單位中身居要職，本來對工作狀態就不滿意的妻子得知丈夫陷入了婚外情時，情緒就變得無法控制。

妻子先是到學校大吵大鬧，讓自己的丈夫丟盡了顏面。後來又鬧離婚。

丈夫為了不讓幼小的子女造成更多的傷害，所以不同意。於是妻子就開始過著長達十年的賭氣日子。

妻子辭掉了工作，拒絕任何朋友的勸解，也從此不到丈夫的所有親戚家裡，甚至有時不讓丈夫進家門。整天寒著一張臉，難以從她臉上看到一絲笑容。經常把自己封閉在家中，用做家務和看電視來打發無聊的日子。

幾年後，子女們長大成家了，家中只剩下她一個人。這時，丈夫也已經離開家，一個人到外地工作。

又過了幾年，她生病了，醫院診斷是子宮頸癌末期，醫生斷定她最多只能活六個月。這時，丈夫主動要求陪伴並照顧她生命中的最後日子。但她依然對他恨之入骨而拒絕。

三個月後，妻子帶著對丈夫的憤恨離開了人世。親人朋友都認為她並不是死於癌症，而是死於賭氣。

當然，從生氣到生病需要一個過程，生病也是需要量的累積。偶爾賭一回氣，不會立即生病，但當長時間賭氣時，那些負向的能量就會聚積在你身體的某個地方，累積到達一定程度後，當你身上某處的正氣鬥不過邪氣時，就必然會生病了。

寬容意味著放棄、放手，讓它離開。意味著不再去做什麼，把整個事情丟棄就是了。當寬恕他人的同時也是在釋放自己的不愉快情緒。每當心靈生病時，我們需要在心裡默默地搜尋一下，看看誰需要被寬恕。那個最難讓你寬恕的人，正是你最需要寬恕的人。

『寬恕』如此重要，但真正做到並不容易。

美國心理勵志作家露易絲在其心理勵志著作《生命的重建》中列出了寬恕的八個步驟：

步驟一：列出所有不能寬恕的人。

步驟二：吐盡心結。可以準備幾張紙，把所有想寫的寫出來，然後停筆，再把紙碎並丟棄。

步驟三：尋找行爲的動機。試分析一下對方有何種行爲不能得到你的寬恕。然後嘗試想像並理解對方這種行爲背後的動機。然後請這樣說服自己：『如同我本人那樣，某某也想得到快樂。就像我當初一樣，某某也想逃避痛苦。』

步驟四：盡可能寫下給對方的感謝。

步驟五：使用語言的力量。

首先宣佈『爲了得到自由和平靜，我願意寬恕某某』，然後反覆地說：『某某，謝謝你。』請反覆說十分鐘以上，盡可能說三十分鐘。

步驟六：寫下想要道歉的事。
步驟七：寫下所得所悟。
步驟八：宣佈『我已經寬恕』。

最後，請牢記說過的話，那就是我們的『必然法則』。

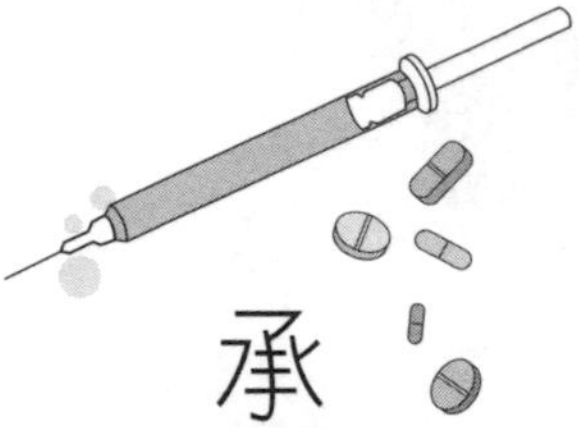

承認所有的負面情緒

當有朋友陷入失戀或失意的痛苦中，你會怎樣安慰他？勸他要堅強？要他忘記這個人、這件事？還是要他立刻轉移情緒？但其實這些都不好。

這一刻，最好讓對方沉澱其中，讓他盡情地哭，不用怕他有多傷心，任由對方把所有負面感受流散出來。他只有深切感受到其中的傷心，以及一切失望、失意，才能意識到這麼做並不能挽回什麼，進而理解並善待自己，幫助他改變以往的負面反應模式。

在生活中，總有人對我們說，不要心存報復，不要生氣，不要緊張。不要這樣，不要那樣。我們越來越覺得自己一定是個缺點滿滿的人。於是，更努力地壓抑這些負面的東西，但在壓抑『負面』的同時，我們也壓抑了與它們對立的那些積極因素。

很多人總是否定或逃避自己的負面情緒，我們不想不高興去做某件事情，但是事情不做解決不了任何問題，否認負責情緒並不會因爲我們的否認而消失，只會在潛意識中隱匿起來，悄悄影響我們對自己的認同感。

不要否定負面情緒，這是最糟糕的。不要強顏歡笑地強撐，不要對自己說我沒事，不要硬逼自己開心。這樣否定它，負面情緒就永遠都塞在你的精神和身體內，負面情緒排不出來，就永遠都無法由這傷心失意中抽離。

也許大家會經看過類似的故事：當主人公第一次面對鏡頭，心裡非常緊張，不停地調整自己的心態，穩定情緒，在心理暗示自己『我叫不緊張』。但一開口自我介紹，張口就說出『我叫不緊張』，引起觀眾的陣陣笑聲。

如果故意忽視負面情緒的存在，它們就會儘量喚起我們的注意，當我們的注意力稍微鬆懈的時候，它們立即從潛意識裡浮現出來。爲了壓抑它們，我們需要付出更大的精力，而這種付出完全沒有意義。

人在太緊張的情況下，拼命自我暗示和壓抑『不緊張』的負面情緒，反而會出現更緊張的結果。也就是說，當我們不能接受負面情緒時，就容易把大部分的注意力都放在解決『負面情緒』的問題上，常常忽略情緒根源的解決，結果往往是導致負面情緒嚴重化，更加難以控制。

承認所有負面情緒是很重要的。覺得失望就去感受當中的失望，然後承認；覺得對不起自己或是任何人，就去感受當中的歉疚，然後承認；覺得自己不濟事，就去感受自己有多不足，然後承認。這些負面情緒，最想得到你的確認。你確認了，它就會離開。

當負面情緒來臨時，嘗試認識它，接納它，不要與它對抗，因爲那樣做無濟於事。有一句話說得好：你無法改變天氣，卻可以改變心情；你無法控制別人，但能夠掌握自己。承認了負面情緒的存在，就等於你控制了它，把它擺在光明面上。

Chapter. 06

告別焦慮的心靈處方

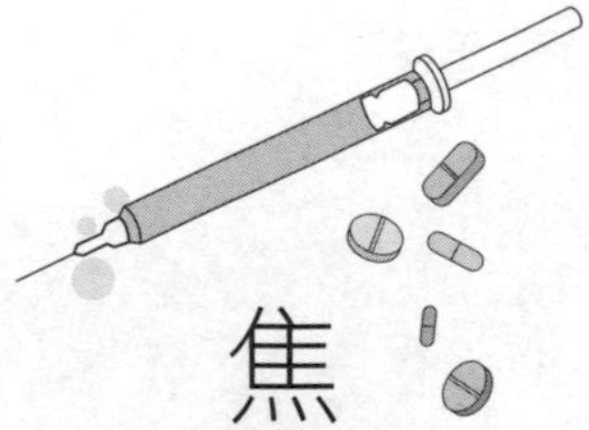

焦慮搞砸了我們的生活

高房價讓我們焦慮、高生活成本讓我們焦慮、食品安全讓我們焦慮、工作壓力讓我們焦慮、看病住院讓我們焦慮……各式各樣的焦慮猶如一劑慢性毒藥，侵蝕著人們的精神和身體，過度的焦慮甚至可能搞砸我們的正常生活。

焦慮是指當人們預感到不利情景的出現，而產生的一種擔憂、緊張、不安、恐懼、不愉快等的綜合情緒體驗。焦慮伴有明顯的生理變化，尤其是自主神經活動的變化。通常表現爲血液內腎上腺素濃度增加、心悸、血壓升高、呼吸加快、皮膚蒼白、失眠、尿頻、腹瀉等。

心理學家認爲焦慮是人一種常見的心理情緒。適度的焦慮可以提高人的警覺度，充分調動身心潛能。但如果焦慮過度，則會妨礙你去應付、處理面前的危機，甚至妨礙日常生活。

生活中，有的人在感到焦慮的時候，會暴飲暴食，狂吃一通；有的人會透過瘋狂購物，在『血拼』中釋放自己；有的人甚至會用喝酒或抽菸來麻痺自己。事實上，這樣做並不能解決問題，你可能會因狂吃一通而讓自己的身體更加肥胖，註定讓你的煩惱綿綿無絕期；瘋狂『血拼』的代價是花大把銀子買回一堆可能也用不上的東西；而用菸、酒麻醉的後果是等醉意消退之後，會感到更加焦慮，問題還是那些問題。

當人們處於焦慮狀態時，通常有一種說不出的緊張與恐懼，或難以忍受的不適感，以至整日憂心忡忡，似乎感到災難臨頭，甚至還擔心自己可能會失去控制而精神錯亂。在情緒上整天愁眉不展、神色抑鬱，似乎有無限的憂傷與哀愁，記憶力衰退，興味索然，注意力渙散；在行爲方面，常常坐立不安，走來走去，抓耳撓腮，不能安靜下來。

焦慮是一種沒有明確原因、令人不愉快的緊張狀態。也是一種每個人都會有的情緒體驗，要防止它成爲病態，就要尋找各種能舒緩壓力的方式。我們可以透過以下幾種方式去化解心中的焦慮。

一、多做耗氧運動

焦慮者可透過快步小跑、快速騎自行車、疾走、游泳等等這些耗氧量很大的運動，振奮自己的精神。這些強耗氧運動，可以加速心搏，促進血液循環，改善身體對氧的利用，並在加大氧的利用量中，讓不良情緒與體內的滯留濁氣一起排出，進而使自己精力充沛，振作起來，心理困擾由此自然就得到了很大排解。

二、做三分鐘放鬆運動操

心理學家認為透過做這套放鬆運動操，可以有效緩解焦慮。

一分鐘『抬上身』——緩慢地使身體向下觸及地面，雙臂保持伏地挺身姿勢，然後雙手向下推，胸部離開地面，同時抬頭看天花板，吸氣，然後再呼氣，使全身放鬆。

一分鐘『觸腳趾』——雙手手掌觸地，頭部向下垂至兩膝之間，吸氣。保持這個姿勢，再抬頭挺胸，同時呼氣，然後全身放鬆。

一分鐘『伸展脊柱』——身體直立，雙腿併攏，在吸氣的同時將雙臂向上伸直舉過頭，雙掌合攏，向上看，伸展軀幹，背部不能彎曲，然後呼氣放鬆。

三、聽音樂改變心境

不管一個人的心情多麼不好，只要能聽到符合自己心境的音樂，就會感到無比的舒暢。需要注意的是，以音樂來擺脫心理困擾時，要注意選擇能配合當時心情的音樂，然後逐步將音樂轉換到有利於將自己心情調整到希望獲得的方面去。

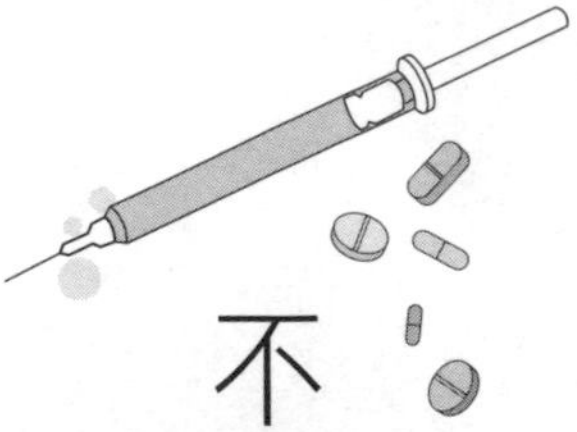

不要預設理想的標準

很多時候，人們內心中對理想事物的期待總是美好的，但是理想和現實之間有一段相當長的距離。在我們還沒把理想帶進現實之前，有可能遭遇理想與現實的碰撞，有時甚至碰得『頭破血流』。但只有經歷了痛，才能回到現實之中。

生活中，人們喜歡預設理想的標準。有的人在工作之前往往就設想著自己坐在寬大而豪華的辦公室內，指揮著手下人員……但是現實中，職場之路是很艱辛的；有的女孩子設想著自己會有一個奢華而浪漫的婚禮……現實中卻未必有人能夠爲妳的夢幻婚禮買單。

『理想很豐滿，現實卻很骨感』，理想和現實之間總會存在差距，如果一個人在現實面前老是給自己預設各種標準，如果達到了自己的標準還好，若是事情一次次達不到，難免失望，時間一長甚至開始覺得生活對自己不公平，進而怨氣連連地面對生活。

有個女孩子，很喜歡吃番茄炒雞蛋。這道菜做起來很簡單：切一個番茄，打兩顆雞蛋，再放一勺糖。

女孩甚至設想了將來陪她吃番茄炒雞蛋的那個人，應該是一個高高瘦瘦的男生，他會有一頭濃密的黑髮和一雙深深、足以讓人深陷的眼睛。她希望他不是當軍人也不是當醫生。

後來，女孩遇到的都不是符合她理想條件的人，她堅持自己的理想，就都拒絕了。

一年又一年，隨著年齡的增加，女孩開始變得著急和失望。在一個偶然的機會中，她意外地認識了一個高高瘦瘦的男子，但他不僅是一名軍醫，而且頭髮稀少，還戴著近視眼鏡。

迫於年齡上的劣勢和家庭的壓力，女孩開始了和他的接觸，交往了一段時間之後，女孩感覺這個男子還不錯。

有一次，女孩做番茄炒雞蛋給他吃，他先是驚喜嘗了一口，然後忍不住問她：『怎麼是甜的？難道妳做番茄炒雞蛋不放鹽嗎？』

後來，女孩嫁給了軍醫。日子很平淡，也很幸福。他們經常做兩個人都愛吃的番茄炒雞蛋，只不過他做的時候加糖，她做的時候一定放鹽。

許多年輕人剛進入婚姻時，經常發生爭吵。其中多數的爭吵是因爲對方不符合自己所預設的理想標準。這種理想的標準或許在很久以前他（她）就已經爲自己設計好了。她常常生氣他太不遷就自己，有時爲了一件很小的事情，她就暗自生氣，數落他好長的時間；他常常惱怒她沉默孤僻，在客人面前說話不得體，穿戴也越來越不講究。

有時候，因爲一件微不足道的小事，兩個相互指責，用惡毒、難聽的語言來罵對方，並爲自己受到損害的理想向對方報復。

兩人老是互相生氣，但卻礙於習慣和繁忙卻很少做出努力調整自己的想法，使對方接近自己心中抱有的理想。如此反覆指責和爭吵只是破壞了兩人之間的愛情。

因此，不要預設理想中的標準，因爲這種標準往往和現實的情況不符。如果一意孤行地執迷於這些標準，必將會造成婚姻家庭的不幸。只有放棄這些標準，才能夠獲得幸福。

其實，生活的所有事情都是無法預設的，也沒有一個統一又理想的標準，只是我們的心爲自己設定了過高的要求。面對現實，我們應該調整自己的想法，而不是苛刻地要求別人。

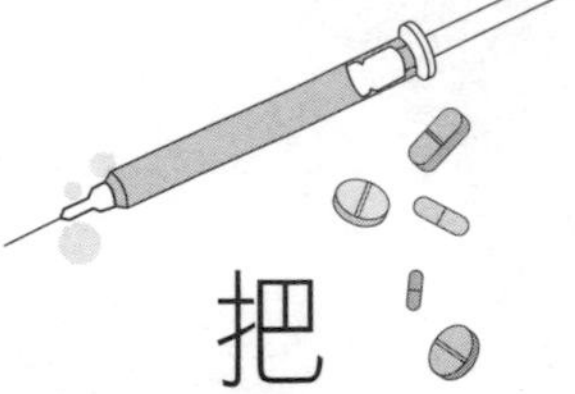

把眼睛從不屬於自己的東西上移開

有些人總是死死地盯住那些原本不屬於自己的東西不放，於是，想方設法地去爭取，因爲那原本就不屬於自己，只會患得患失。自己明知不可爲而爲之，卻一味埋怨生活，指責他人。這樣下來，只會造成內心的痛苦和焦慮，別無任何益處。

人們之所以痛苦，是因爲追求了不屬於自己的東西。很多人不停地追求越來越高的物質生活，他們好像從來就不會滿足過，幸福的滋味對他們而言是無法滿足的欲望。當然豐厚的物質並不能帶給他們內心的快樂，反而被自己的欲望搞的焦慮不堪，這是因爲他們的貪欲在作怪。如果能靜下心，思考一下自己不像現在這麼貪婪就好了。

佛陀出家成道之後，他的兒子、孫子都相繼跟他出家了。佛陀只好在王族中找了一個叫跋諦的人繼承了國家王位。哪知道跋諦當上國王不久，國家就滅亡了，跋諦也跟著佛陀出家了。

跋諦出家之後，每天三呼：『我真快樂！我真快樂！我真快樂！』其他弟子聽了之後，以為他捨不下過去的榮華富貴，斷不了塵根，所以自我安慰，都很鄙視他。

佛陀於是叫來了所有的弟子，當面問跋諦：『你忘不了過去的快樂時光嗎？為什麼總大喊三聲我很快樂？』

跋諦說：『佛陀，我並沒有回想過去不快樂，而是因為我現在很快樂啊。過去我每日擔驚受怕，怕別人貪圖我的國家，怕別人傷害我的性命，所以我過得很苦。而今我雖然出家，過著清貧的日子，但是我心中非常滿足，因為我有飯吃，能睡覺，自由自在，我怎麼能不快樂呢？』

對物質上不過分追求是一種心理健康的表現，而永不饜足則是一種畸形心理，其病因多是權力、地位、金錢之類引發的。這種病態如果發展下去，人心就成了饕餮，其結局是自我爆炸、自我毀滅。世間一切我們能抓住的只是很少的一部分，又何苦爲了抓住更多而失去更多呢？

每一個人都可以體會到幸福的滋味。只要我們把眼睛從不屬於自己的東西上移開，順著自己的本性，不妄自攀比，不向外強求，珍惜現在擁有的東西將使我們感受到幸福。但是，一旦我們盯住了那些不屬於自己的東西，難免會有失落，便不會感到幸福。而有些追求簡單的人，他們沒有強烈的物欲，邪惡也不會侵襲他的身心，他們卻可以比誰都幸福。

我們應該明白這樣一個道理，即使你擁有整個世界，一日也只能吃三餐。人赤條條地來到這個世界上，不可能永久地擁有什麼。現代西方經濟學最有影響力的經濟學家凱恩斯曾經說過，從長期來看，我們都屬於死亡，生命是那樣短暫，即使身在陋巷，我們也應當享受每一刻美好的時光。

幸福不在萬物之中，它存在於看待萬物的自身態度之中。白天知足常樂，

Chapter 06

夜裡睡得安寧，走路感覺踏實，驀然回首時才不會有遺憾！

如果總認爲自己擁有的還不夠多，想要的還很多，就會無視自己手中的幸福，而一心盯著那些不屬於你的東西在欲望的追求中度過一生，那麼人生就沒有什麼幸福可言了。

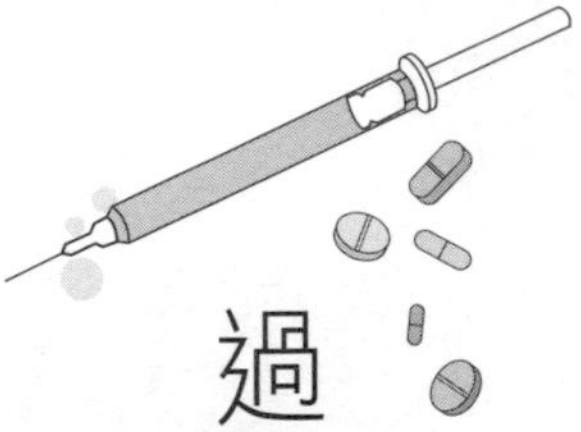

過分苛求得失是不好的習慣

生活中，人們不斷地在追求工作達到高指標，期待應酬交往讓每個人都滿意，希望年終能得到更多的物質獎勵。似乎每個人都在追求『得到』，這樣我們就不得不受自己的『完美』目標困擾，不少人的心態也因此變得焦慮起來。

過分苛求得失是不好的習慣，但人們卻都習慣在生活中追求得到更多的物質利益和更高的職位、榮譽，一旦得不到，往往產生憤怒、憂慮或失望的不良情緒。

許多人認爲付出就應該得到，甚至不努力也奢望收穫，但事實卻並非如此。因爲一味追求得失，難免產生不平衡的心理。這種不平衡使得一部分人心理自始至終處於極度不安的焦躁、矛盾、激憤的情緒中，使他們滿腹牢騷，不思進取，工作得過且過，心思不專，陷於自我折磨。

從前有一位名叫後羿的神射手，他練就了一身百步穿楊的好本領，箭箭都能射中靶心，也幾乎從未失手過。人們爭相傳頌他高超的射技，對他非常敬佩。

夏王也聽說了後羿的本領，就想把後羿召入宮中來，單獨為他一個人表演一番，好盡情領略後羿那爐火純青的射技。

這一天，夏王命人把後羿找來，並親自告訴後羿，如果射中了的話，他就會被賞賜黃金萬兩；如果射不中，那就要削減他一千戶的封地。後羿聽了夏王的話，不發一語，面色變得凝重起來，腳步也沉重了。他慢慢走到離箭靶一百步的地方，取出一支箭搭上弓弦，擺好姿勢拉開弓開始瞄準。

後羿一想到自己這一箭出去可能發生的結果，一向鎮定的他呼吸開始變得急促起來，拉弓的手也微微發抖，瞄了幾次都沒有把箭射出去。後羿終於下定決心鬆開了弦，箭應聲而出，『啪』地一聲箭釘在離靶心足足有幾寸遠的地方。

後羿臉色一下子白了，他再次彎弓搭箭，精神卻更加不集中，射出的箭也偏得更加離譜。

患得患失、過分計較得失將會成爲我們獲得成功的大礙。『心平常，自非凡』，生活當中，很多人並不是被自己的能力所打敗，而是敗給自己無法掌控的情緒。哲人說：『人之所以快樂，不是因爲他得到的多，而是因爲他計較的少』。如果我們能沉住氣，懷著一顆平常心，不過分苛求，反而能在不經意間收穫成功。一個人只有心穩了，手才穩，事才穩。

俗話說：『水至清而無魚，人至察則無徒。』現實生活中，對人、對事、對自己都不宜過於苛求，否則只會使自己生活在孤寂和焦灼之中。無論做事還是做人，都要正確對待得失，成功了，不驕傲自滿，不狂妄自大；失敗了，也應該平靜地接受。

失敗也是生活中不可缺少的內容。任何一個渴望成功的人，都應該以一顆平常心平靜地接受生活給予的各種困難、挫折和失敗。

幸福就是不走極端

有些人是貪婪的，想擁有體面而收入豐厚的工作、貼心又有錢的伴侶、善解人意又親密的家人、溫馨又和睦的家庭……所有的一切都想同時擁有。其實，這幾乎是不可能的。許多人之所以不幸福，是因爲他們喜歡走極端。老是苛求這個，苛求那個，最後使自己的生活完全失去了樂趣。

有人說：『三百六十度的同義詞就是零度，完美的另一面就是完蛋，人生的幸福路就是不走極端路。』可是在現實生活中，喜歡走極端的大有人在。最明顯容易走極端的一類人就是完美主義者，對於完美主義者來說，他們絕對不允許自己的生活出現瑕疵。

曾經熱播的美國影集《慾望師奶》，其中有一位女主角叫Bree，她就是最為典型的完美主義者。她做事力求一百分，無論是家務、烹飪、儀容和相夫教子；她永遠會讓房間一塵不染，燙平每件衣物；每次出門時一定一絲不苟，從頭到腳都要乾乾淨淨。同時，她對家人也要求嚴格，用完的東西一定要放回原位，連筷子、湯匙的擺法、朝向都要一致。

Bree的過分刻意和挑剔，使得丈夫和兩個孩子在她的『完美』之下都有一種窒息感。他們必須按照她的安排去生活，從吃早餐、襪子的顏色到交男、女朋友都有規定，一旦做錯，她會立刻糾正和提醒。

當Bree得知丈夫嫖妓之後，異常憤怒；當知道兒子是同性戀時，也怒不可遏。因為她傾盡心力經營的完美愛情、完美家庭已經不再完美了。後來，她也有了外遇，並且間接害死了丈夫。

讓人無法理解的是，當丈夫心臟病突發去世之後，Bree並沒有悲慟欲絕，而是關心如何操持一場完美的葬禮。在葬禮進行中，當牧師請眾親友向她丈夫的遺體告別時，Bree大聲喊停，原因竟然是她不能忍受婆婆給丈夫戴的那條『可笑的黃色領帶』。於是，她在眾目睽睽下，解下朋友的領帶為丈夫換上。完成這一切後，她才露出了滿意的笑容。

完美主義者的最大特點是苛求完美，這種求好的心理無法讓他們對不完美的事物置之不理，因爲手中有太多的計畫要實施。這種感覺日積月累，使他們容易生活在挫折、失敗，碌碌無爲和憤怒的心情中無法自拔。試想，這樣的生活狀態有何幸福可言？

我們該明白：一個人在生活中，與其過分地追求極端，不如追求平衡。只要內心平穩，心靈就能舒服。

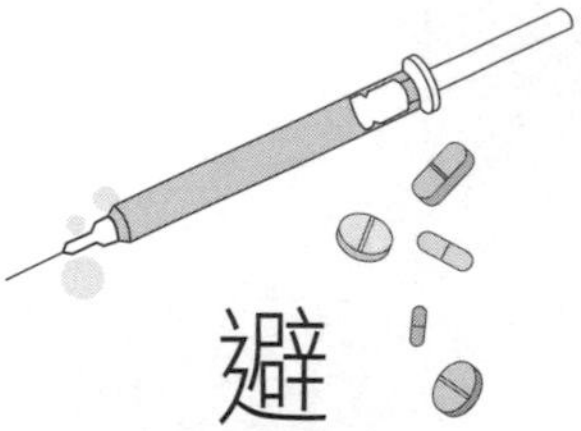

避免監督自己的想法

很多人在遇到想做而不能做的事情，總是用理性在克制著內心的想法。當然，適當的用理智克制可以避免我們做出衝動的行爲，但如果這種自我監督過於壓抑心理，勢必會影響內心的快樂，增加不必要的苦惱和心理折磨。

在許多人的腦子裡，總是會出現一種想法——『我應該怎樣』或『我不應該如何』。看似這些想法是理智的，事實上這樣的想法有一種自我限定、自我監督或者事後諸葛亮的成分。

因爲這樣的『應該』是我們給自己設定了一個目標，這個目標可能會成功也可能不會成功，當這個『應該』的目標設定得脫離現實時，也就超出了我們的能力範圍，這就有可能帶來過重的負擔和壓力。

許多女性朋友運用節食減肥法時，因爲禁受不住美食的誘惑而失敗了，卻往往不會因爲是自己的失誤而批評自己，也不太感到自責和內疚。通常還會乾脆這樣想『不就只是一頓飯嗎？要胖就胖吧！我想吃就吃，還是先享受了再說！』。由此可知，使你不能正常改掉多食毛病的是你的一種信念，即認爲自己已經失控了。而失控的原因是那些『應該』──『我應該戒不了了』。我們就是被這樣的信念所打垮。

我們對沉迷於網路遊戲中的自己說，『我應該工作了，不應該再玩了』。但是，當我們這樣提醒自己的時候，其實，代表我們所做的行爲正好與我們所想的相反。也就是說，我們恰好在做自己不希望發生的事情，卻無法克制。這種現實與觀念上的矛盾，引起了你的內疚和緊張不安。比如看電視就是這樣，我們看電視的原因，是想要用更多的休閒時間來掩蓋自己的內疚和焦慮。

那麼，該怎樣處理這種『應該』帶來的焦慮和壓力呢？

一、提醒自己觀念與現實不符

對抗『應該』的一個方法，就是告訴自己『應該』這個想法與現實不符。

比如，當你說『我不應該做……』時，你假設事實上你不應該做，這將有助於你這麼說。讓你吃驚的是現實往往和你的想像正好相反：在現實中，你應該已經做了這件事情，說你不應該做會傷害你。

二、在口頭語言上進行替換

你可以用別的詞來取代『應該』，運用雙欄法等。口頭語『要是……就好了』或『我希望我能……』比如，不說『我不應該吃霜淇淋』，你可以說『要是沒吃霜淇淋就好了，但是我吃了也並不表示世界末日要到了。』這樣說聽起來更貼近現實，也不讓人心煩。還會促進有益行爲的發生。

三、反省和叩問

如果你能經常進行自我反省，時常捫心自問，將會有一定的積極作用。比如你可以在心中叩問：『誰說應該？哪裡寫著說我應該』。這樣做的目的，是讓你意識你實在毫無必要地批評自己。由於你是規則的最終制定者，所以一旦感到這些規則無益，就可以改變規則或廢除規則。

假定你對自己說，你應該能夠讓父母一直快樂生活。如果經驗告訴你這樣的想法根本不可能，只會給自己施加壓力。此時，你可以說：『我可以讓父母有時感到快樂，但是肯定不能讓他們一直快樂，但是我會努力。』

總之，在你成長的過程中，你要經常告訴自己，『學會接受你的局限性，就會變成一個更爲幸福的人』。

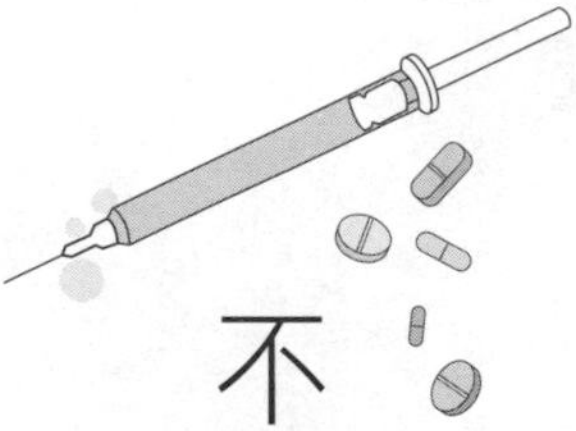

不要強迫自己做不想做的事

有些人明明不喜歡某個工作，但是爲了高額的收入而強迫自己每天做著不想做的事；有些女性其實並不喜歡身邊的男朋友，但卻被某些條件所誘惑而談著不情願的戀愛；有些人儘管不想考試，但爲了能夠更好的就業而拼命苦讀……如此強迫自己的內心，只能徒增煩惱和焦慮，有快樂而言。

心理學家認爲，如果人們長時間強迫自己做不想做，但卻不得不做的事情，容易患上了嚴重的焦慮症。做自己不想做的事時，心理難免會產生抵觸情緒，這不僅不利於更好地完成事情本身，不愉快的情緒一旦積蓄過多了，必然會造成心理上焦慮或抑鬱。

著名漫畫家朱德庸，他的很多漫畫作品深受年輕人的喜愛。他在接受採訪中曾說，他事業成功的關鍵因素之一，就是不強迫自己做任何不願做的事。當然，這是他從一次妥協的經歷中感悟到的。

朱德庸在剛服完兵役之後的一段時間內，曾有某新聞報社極力邀他去畫新聞漫畫，儘管當時同事們對他很好，但他就是不快樂。他尤其不喜歡這種工作方式。當時是每天七點去上班，他卻磨蹭到七點四十分。他的內心老是跟自己說，沒理由去做這件事，但又不能不去上班。

這樣維持了四年，直到一天，他決定放棄這份不喜歡的工作。也就是從那時起，他決定不再強迫自己做任何事情。

很多名人喜歡周旋於交際和應酬，三不五時聚會，把酒言歡。而朱德庸平時喜歡安靜，很少參加交際應酬。即使有朋友極力相邀，也只是偶爾出來一下，然後就回去了。因為他一直堅持這個原則：不想強迫自己做任何不願做的事。

生命只有一次，而且又短，爲什麼在自己最不想做的事情上浪費生命呢？

要讓生命更精采，我們理應在有限的時間裡，做自己喜歡的事情，並綻放幸福的花朵，進而提高生命的品質。

生命的品質是霍金在殘疾之後的堅強不息，是海倫在失明之後活下去的勇氣，是世人孜孜不倦追求幸福的過程。誠然，我們無法掌握生命的長度，但能改變生命的品質。只要活出有品質的人生，瞬間生命亦能綻放永恆的絢爛。

把生命的熱情傾注在自己喜歡做、渴望做的事情上，把自己的人生變成有品質的人生，莫到年華流逝，才感慨時光錯付追悔不已。雖然，人活在這個世界上，不可避免會遇到一些違背心願的事，會不得不做一些自己不願做的事，但關鍵在於能否在做了這些事之後，還能繼續堅持自己的理想，且不懈地走下去。

『自己招來的苦難總是最讓人心痛的。』做自己不想做的事，蹉跎了時光，使自己陷入苦苦的掙扎中，浪費了時間，也浪費了生命，浪費了追求幸福的機會。人生在世，何必事事都在乎世人的眼光，也何必因自己想做的事與世俗眼光相左而放棄自我的堅持。

交往時避免社交焦慮

有些人，他們不敢在公共場合發言；害怕與陌生人接觸，與異性交往時表現出語無倫次。總之，對任何社會交往，他們都會感到不適，內心充滿了焦慮。通常會表現出顫抖、臉紅、出汗，口乾舌燥，甚至還會緊張抽搐。

一般人對參加聚會或其他會暴露在公共場合的事情，都會感到輕微緊張，但這並不會影響到他們出席。但是過度恐懼者會盡可能地逃避各種社會交往，嚴重者甚至會長時間把自己關在家裡孤立自己。進而走向孤僻與自閉、沮喪、失望甚至絕望的地步。

社交恐懼症患者總是處於焦慮狀態。他們害怕自己在別人面前出洋相，害怕被別人觀察。與人交往，甚至在公共場所出現，對他們來說都是一件極其恐懼的任務。於是他們不得不逐漸減少與社會接觸，也害怕其他人會注意到自己的窘迫，對自己產生一些負面的印象。於是，孤立、孤僻便成了他們生活的主旋律。

心理學家認爲，社交焦慮症患者會假定身旁的人在評價他。他們對自我的認識都想要參照別人的看法，但這反而更加自以爲是。事實上，這種自以爲是的思維方式卻有著很大的偏差，它會讓人扭曲了自己對他人的認識。

有一個社交恐懼者，前往參加追悼會，當他坐在教堂裡的時候，自己突然意識到，他竟然是教堂裡唯一一個沒有打黑色領結的人。

當下他感到羞愧極了，於是他起身離開了現場，可是事實上，根本就沒人注意到這一點，只是他自己太關注自我，以至於開始自卑，並自動退出。

有社交恐懼症的人容易在自己的腦海中，產生極端的想法，並且把那些想法看成是真實。也就是說，他們老是對自己臆想出來的東西信以爲真。比如『我有缺陷或不夠好』，『如果人們看出我的焦慮，就會認爲我是一個《失敗者》』。

社交恐懼症主要是由一種『怕』心理引起，如怕見陌生人、怕難爲情、怕表現自我等。它是在多年的日常生活、工作、學習中形成的，而防治這種症狀就需從日常生活中多加注意。

一、消除自卑

不習慣社交的人，要從心理上去掉在社交中的自卑感。若帶著消極的心理，常常會使自己不願多說話、不願多活動。每個人都有自己的長處和短處，你可以多想一想自己的長處。

只有樹立自強、自信、自立的精神，才能在心理上戰勝消極，在待人接物中做到落落大方。

二、克服恐懼心理

克服恐懼心理首先要在心理上去掉『怕』字。其實，正常的社交活動，並不帶有什麼神祕的色彩，只不過是社會上人與人的交往與應酬。

不必過分注意自己在社交中的言談舉止，只要做到隨和、大方、自然，時間長了就習慣了。

三、多參加社交活動

勇敢做自己不情願的事情，恐懼心理也會逐漸消失。可以透過多參加社交活動，逐步培養對外界的適應能力，有意識地多接觸周圍的人和事。儘管起初會不太習慣，有時可能會出現失態，讓你覺得難爲情，但是任何人都不是天生就具有良好的社交心理和手段，人需要在後天的社交活動中培養，才能變得自如。

那些不能看開的不如遺忘

有些人活在過去痛苦的回憶中不願走出來，他們透過一遍又一遍的回憶來撕裂自己的傷口，讓內心飽受傷痛的煎熬和折磨。其實人生沒有過不去的坎坷，沒有放不下的痛。如果我們選擇遺忘那些看不開的，想不通的事，就不會在內心中反覆糾結。

樂於忘懷是一種心理平衡，我們要拿得起放得下。人總有煩惱，如爭吵、憤怒、挫折、不幸等，有的人懂得忘卻，很快把它拋在腦後，眼睛向前看。有的人卻緊緊抱住不放，讓煩惱情緒占據自己的心。這只能導致悲劇後果。

印度詩人泰戈爾說過：『如果你爲失去太陽而哭泣，你也將失去星星。』爲雞毛蒜皮斤斤計較，爲小事耿耿於懷，只怕心靈之船不堪重負，記憶之舟承載不下，會讓痛苦的過去牽制住未來。

有一個老和尚，他有兩個弟子。一天，他讓兩個徒弟去山下購買日用品。從他們居住的寺廟趕往最近的集市必須經過一條河。

兩個弟子來來到河邊，準備過河時，看到旁邊站著一位姑娘，正面對著洶湧的河水發愁。大師兄一語未發，走過來彎腰抱起了姑娘，淌水過了河。然後與姑娘道別，繼續趕路。

小師弟看了十分反感，並生氣地告誡師兄，出家人應該連看都不該看女人一眼，而師兄卻抱她過河。師兄反駁說自己後來不是把她放下了嗎？

小師弟仍耿耿於懷，認為師兄六根未淨，根本不配做大師兄。

回到寺院後，小師弟去找師父告狀，師父聽完反問他一句：大師兄把她放下了，可是你怎麼還抱在心裡放不下呢？

小師弟頓時羞紅了臉。

我們都有這樣的經驗，當你去勸說某個正在陷入煩惱的人時，對方總是抱著煩惱的心結不放，怎麼也聽不進你勸慰的話。其實，如果他始終不能遺忘那些不能看開的煩惱和憂愁，就永遠也走不出鬱悶的心結。

『學習』比較難還是『遺忘』比較難？大部分人在一開始都會回答是學習比較難，忘卻比較容易。美國有一位著名的經濟學家說：『世界上最難的事不是讓人們接受新思想，而是使他們忘卻舊觀念！』就像失戀的人，並不是失去了重新愛的能力，而是他們不願忘記對過去回憶。

我們都知道：舊的不去，新的不來。主動捨去那些經常困擾你、對你卻沒有任何用處的煩惱或無用的知識，讓你的思想和有用的知識占據你的心靈吧。

有些夫妻，念念不忘對方當年的某個失誤，或是另一半曾對感情的不忠……到了年紀一大把還在算舊帳。他們寧可讓痛苦隨著歲月一起成長，也不願輕言饒恕，唯恐便宜了對方，但這卻只是讓自己繼續成爲受害者，徒然喪失現在就可以擁有的喜樂和自由。

忘掉背後帶來的是釋放，一個常常回頭看的人，就沒有機會向前看，當我們辛苦拖著一籮筐的憤怒或不諒解時，又如何能努力向前奔馳？

忘卻有時是件好事，有些事情記得太清楚，反而讓大家日子都難過，偶爾神經粗一點，能不必自己受苦，也不讓別人受苦。

把一些看不開的痛苦當成垃圾丟掉吧！當你願意把那些根深蒂固甚至盤根錯節的記憶一一放掉時，將會經歷輕鬆和得勝。痛苦的重擔放下了，你也不再被仇恨所挾制了。

Good Choice 大大的享受拓展視野的好選擇

那些不能告訴男人的事：只給女人的幸福答案

人生視野系列 47

許多人曾經以為只要好好愛一個人，就不會分手，現在才知道，妳對他好，他也一樣會愛別人。曾經以為自己不會再愛上第二個人，可是一旦妳經歷著一生中的第二次愛情，就會發現和第一次一樣甜美，一樣折磨人，一樣沈迷，一樣刻骨銘心。

貴人不一定是好人

人生視野系列 48

在複雜的現實生活中，做人做事不能總按著自己的老思路走，因為不是所有的人都會按照牌理出牌，所以如果你一味老實認真，有時不但無濟於事，甚至還會吃大虧。

所以你必須學會根據各種客觀情況制訂策略，因事而變，不要死守一法。

在不考慮後果下，愛情是殘忍的

人生視野系列 49

溫柔的女人是一輪皎月——任男人們談天說地。

聰明的女人是一棵智慧樹——任男人們刮目相看。

美麗的女人是一朵玫瑰——任男人們推卸責任。

賢慧的女人是一汪清泉——任男人們吹噓成功……

謝謝您購買 我們的心都有病 這本書！

即日起，詳細填寫本卡各欄，對折免貼郵票寄回，我們每月將抽出一百名回函讀者寄出精美禮物，並享有生日當月購書優惠！

想知道更多更即時的消息，歡迎加入“永續圖書粉絲團”

您也可以利用以下傳真或是掃描圖檔寄回本公司信箱，謝謝。

傳真電話：（02）8647-3660　　信箱：yungjiuh@ms45.hinet.net

☺ 姓名：＿＿＿＿＿＿　□男　□女　□單身　□已婚

☺ 生日：＿＿＿＿＿＿　□非會員　□已是會員

☺ E-Mail：＿＿＿＿＿＿　電話：（　）＿＿＿＿

☺ 地址：＿＿＿＿＿＿

☺ 學歷：□高中及以下　□專科或大學　□研究所以上　□其他＿＿＿＿

☺ 職業：□學生　□資訊　□製造　□行銷　□服務　□金融

□傳播　□公教　□軍警　□自由　□家管　□其他＿＿＿＿

☺ 您購買此書的原因：□書名　□作者　□內容　□封面　□其他＿＿＿＿

☺ 您購買此書地點：＿＿＿＿＿＿　金額：＿＿＿＿

☺ 建議改進：□內容　□封面　□版面設計　□其他＿＿＿＿

您的建議：＿＿＿＿＿＿

新北市汐止區大同路三段一九四號九樓之一

大拓文化事業有限公司收

請沿此虛線對折免貼郵票，以膠帶黏貼後寄回，謝謝！